ROBERTO PIVA

SOMBRAS DANÇAM NESTE INCÊNDIO

oca

Lisboa, 2017

COORDENAÇÃO EDITORIAL
Sergio Cohn e Ana Paula Simonaci

ORGANIZAÇÃO E PROJETO GRÁFICO
Sergio Cohn

AGRADECIMENTO ESPECIAL
Gustavo Benini e Claudio Willer

ISBN 978-658-69620-2-4

2020
OCA EDITORIAL
REVISTAS DE CULTURA
Lisboa - Portugal

www.revistasdecultura.com

APRESENTAÇÃO
Sergio Cohn

Dante
conhecia a gíria
da Malavita
senão
como poderia escrever
sobre Vanni Fucci?
Quando nossos
poetas
vão cair na vida?
Deixar de ser broxas
pra serem bruxos?
Roberto Piva

Roberto Piva foi provavelmente o mais indômito poeta brasileiro da segunda metade do século XX.

O seu livro de estreia, *Paranoia,* causou imenso estardalhaço quando foi lançado em 1963 e é considerado até hoje um marco da literatura brasileira. A poesia de Piva, naquela época, quando o autor contava com apenas 25 anos de idade, já trazia alguns dos elementos que seriam sua marca registrada: a linguagem livre e blasfematória, considerada antipoética na época, a temática homoerótica e a imagética delirante, informada pelo surrealismo e pela poesia beat norte-americana. Depois disso, Piva publicaria mais sete livros, seguindo uma trajetória coerente de confrontação com a ordem vigente e ampliando seu campo de interesses para as culturas afro-brasileiras e ameríndias.

A edição original de *Paranoia* foi realizada por Massao Ohno, então o mais ativo editor de poesia em São Paulo. Dois anos antes, em 1961, Ohno, ou o Japonês Voador, como era carinhosamente conhecido por seus amigos, já havia publicado alguns poemas de Piva na *Antologia dos Novíssimos*, um volume que trazia o que seria a nova poesia paulista, com nomes como Celso Luiz Paulini, Eduardo Alves da Costa, Eunice Arruda e Álvaro Alves de Faria. Na *Antologia*, os poetas faziam suas próprias apresentações. Embora os poemas de Piva ali presentes ainda não trouxessem a voz marcante de seu livro de estreia, o tom rebelde já estava lá:

> vocês lerão agora a poesia de um jovem que tem vinte e três anos porque não teve coragem de matar-se aos quinze por isso arrasta-se pelo mundo sem Deus nem Amo pregando todas as violências contra a sociedade negociante amando jazz Beethoven Nietzsche Dostoievsky Kierkegaard Sartre aceitando Marx Engels Bakunin Kropotkin influenciando-se por Sá-Carneiro Pessoa Guimarães Rosa Graciliano Ramos Mário de Andrade Jorge de Lima Drummond Vinicius recomendando à juventude ser contra os policiamentos interiores e exteriores achando que o cristianismo deve suicidar-se

Naquele início de década de 1960, a poesia brasileira estava se reencontrando com o verso, após as experiências tardio-vanguardistas dos anos anteriores. Os poetas reunidos na *Antologia dos Novíssimos* seguiam essa tendência, com uma poesia formalmente mais tradicional. Se Roberto Piva de alguma forma se destacava no livro, era pela qualidade dos poemas. Como disse Claudio Willer, num belo ensaio sobre o Piva publicado em 1981, "nos seus primeiros poemas, o texto de Piva era apenas um pouco melhor, talvez mais enxuto, do que aquilo que todo mundo fazia: uma poética intimista, visivelmente informada por Fernando Pessoa, Rainer Maria Rilke e pelos pós-simbolistas e metafísicos".

De tentativas de uma linguagem mais devedora ao modernismo, apenas um poema: "San Paulo's improvisation", um diálogo explícito com o Mário de Andrade de *Pauliceia Desvairada*: "De um bar qualquer / do Largo do Arouche / assisto São Paulo passar dentro de mim / imerso na paisagem cinza-úmida / pela 'água-benta das garoas monótonas' / como disse Mário de Andrade". A ruptura só iria começar mesmo com os movimentos seguintes. Primeiro, uma série de manifestos, escritos entre 1961 e 1962, com uma postura mais explícita de rebeldia contracultural. Um exemplo é o texto "Bules, bílis e bolas", lido pelo poeta num programa de TV apresentado pelo diretor teatral Antunes Filho em 1962:

> Nós convidamos todos a se entregarem à dissolução e ao desregramento. A Vida não pode sucumbir no torniquete da Consciência. A Vida explode sempre no mais além. Abaixo as Faculdades e que triunfem os maconheiros. É preciso não ter medo de deixar irromper a nossa Alma Fecal. Metodistas, psicólogos, advogados, engenheiros, estudantes, patrões, operários, químicos, cientistas, contra vós deve

> estar o espírito da juventude. Abaixo a Segurança Pública, quem precisa disso? Somos deliciosamente desorganizados e usualmente nos associamos com a Liberdade.

Naquela época, embora ainda sem ter publicado livro próprio, Piva já era figura conhecida na cidade de São Paulo, por conta do seu comportamento desregrado e impetuoso. A cidade ainda era provinciana, apesar de já ter milhões de habitantes. E Piva subvertia não apenas nas palavras, mas no comportamento social e cultural. Mas isso não impedia que fosse um leitor insaciável e estudioso profundo dos seus temas de interesse, como a obra de Dante Alighieri (participou, ainda nos anos 1950, de um curso ministrado por Edoardo Bizarri no Instituto Italiano de Cultura sobre a Divina Comédia que o marcou pelo resto da vida) e filósofos diversos, que lia e comentava no ambiente efervescente e inquieto em torno da casa do filósofo Vicente Ferreira da Silva e sua mulher, a poeta e tradutora Dora Ferreira da Silva. Nesta casa, convivia com artistas e pensadores de diversas gerações, desde jovens como Jorge Mautner até nomes de grande importância como Guimarães Rosa e Villém Flússer.

Esta erudição estará presente em toda a obra de Piva, recheada de citações e referências. Uma das suas homenagens a poetas de sua predileção seria o próximo movimento de sua trajetória. Um longo poema que Massao Ohno editaria em formato especial, ainda em 1962, chamado "Ode a Fernando Pessoa". O poema foi publicado numa tira comprida de papel amarelo, e era vendido de mão em mão pelo próprio autor nos bares da Avenida São Luiz, no centro da cidade, ponto de encontro dos artistas e intelectuais de então.

Já nesse texto, havia um ensaio do que seria a dicção poética do seu livro de estreia. Voltemos ao Willer: "Esta 'Ode', com seus versos de frases longas e soltas, exibe alguns saudáveis sintomas de loucura: associações livres formando imagens delirantes, incorporando ao vocabulário expressões tidas como pornográficas e incompatíveis com o linguajar poético". A "Ode", embora importante como exercício de libertação expressiva, mantém ainda um excesso de linguagem literária que seria expurgado nos seus textos posteriores. Mas possui belos momentos, e é um importante documento do caminho que levou o poeta para a criação da sua obra-prima precoce, *Paranoia*.

Paranoia é um dos mais belos livros de poesia já feitos no Brasil. Não apenas pelos poemas, mas também pelo objeto em si. O original, com o formato de cartão postal, impresso horizontalmente para respeitar os versos longos dos poemas e o formato das imagens, em leves páginas duplas para evitar o vazamento das imagens sobre os textos, é de uma delicadeza única. O diálogo entre os poemas de Piva e as imagens fotográficas realizadas pelo artista visual Wesley Duke Lee é total, uma perfeita integração entre arte e texto, resolvida pela edição meticulosa de Massao Ohno.

As imagens, em preto e branco contrastados, foram produzidas especialmente para o livro, depois dos poemas já estarem prontos. Piva relembra a história: "Foi o Thomaz Souto Corrêa que me apresentou para o Wesley Duke Lee, entre 1961 e 1962. O Wesley havia chegado de viagem de Paris ou Nova York, acabou lendo os poemas do *Paranoia* e falou para o Thomaz que queria ilustrar o livro com imagens de São Paulo. Estava completamente tomado por aquilo.

Passou três ou quatro meses fotografando a cidade e realizou essa obra-prima que é a integração da poesia do *Paranoia* com a São Paulo da época".

Os poemas de Piva já traziam um olhar delirante sobre a cidade, aliando termos não-usuais para a poesia da época, muitas vezes tidos como pornográficos, com uma expressão poética extremamente bem realizada. O ritmo dos poemas, com a sequência frenética de imagens, emulava o futurismo italiano do começo do século, a escrita automática surrealista e a montagem cinematográfica. O tom de delírio perpassa todos os poemas. Em entrevista a Bruno Zeni, Piva afirma: "*Paranoia* é um imenso pesadelo. Transformei São Paulo em visão de alucinações. Apliquei o método paranoico-crítico criado por Salvador Dalí: o paranoico se detém num detalhe e transforma aquilo numa explosão de cores, de temas, de poesia. Constrói um mundo alucinatório, imaginário".

Na época do lançamento, *Paranoia* causou *frisson*. Não era por menos. O livro aliava temáticas que ainda eram tabus, como o homoerotismo e o uso de drogas, com um acabamento poético que não permitia o reduzir a uma provocação. Pela primeira vez desde o modernismo heroico dos anos 1920, São Paulo era cantada como merecia, respeitando seu ritmo vertiginoso e sua atualidade.

A relação de Piva com o modernismo brasileiro é um ponto importantíssimo. Por muito tempo, *Paranoia* foi lido como uma versão tupiniquim da poesia beat, especialmente de Allen Ginsberg. Embora Piva seja fortemente influenciado pela beat, assim como pelo surrealismo, essa é uma visão reducionista. *Paranoia* possui uma importante atualização de *Pauliceia desvairada*, além de influência e diálogo com obras de autores como Oswald de Andrade (a antropofagia oswaldiana é citada na epígrafe do poema "Visão de São

Paulo à noite"), Raul Bopp ("Be-Bopp" em *Quizumba*), Jorge de Lima e Murilo Mendes, entre outros. Os dois últimos, influências seminais na obra de Piva. Como lembra Armando Freitas Filho, importante poeta também surgido nos anos 1960, "Em Afonso Henriques Neto e em Roberto Piva a ambientação surreal, a enumeração 'mágica' do caos prestam tributo, com independência, à 'poesia em pânico', na beira do abismo, de Jorge Murilo Mendes de Lima".

Fazer uma leitura crítica da poesia de Piva sem considerar o seu diálogo direto com o modernismo brasileiro não é apenas uma simplificação ou distorção, mas também um grave erro que impede a compreensão da riqueza de sua obra.

Um ano depois de estrear em livro, Piva publicou seu segundo volume, *Piazzas*. Embora alguns poemas apresentassem ecos do ritmo do livro anterior, como em "Jardim das Delícias" e "Homenagem a Marquês de Sade", o livro novo trazia um tom diferente, mais fragmentário, com versos curtos e entrecortados. Piva sempre foi um inquieto, nunca escreveu um livro igual ao outro, buscando inovar na linguagem e no ritmo. *Piazzas* trocava o ritmo frenético dos versos livres e longos do livro anterior por poemas espaçados, em formato de escada ("como Maiakovski e Reverdy", afirmaria o autor, explicitando suas influências), valorizando o branco da página e as pausas rítmicas. A densidade imagética se diluía num ritmo mais cadenciado.

Piva estava ciente das mudanças. No posfácio da edição original, já anunciava: "Em todos os meus escritos procurei de uma forma blasfematória (*Paranoia*) ou numa contemplação além do bem & do mal (*Piazzas*) *a la* Nietzsche explicitar minha revolta & ajudar muitos a superar esta Tristeza Bíblica de todos nós, absortos num Paraíso Desumanizado, reprimido aqui & agora". O erotismo já presente no livro anterior é amplificado, de forma explícita ou sensual. Um gesto existencial e também político, evidenciado num livro publicado poucos meses após o golpe que constituiria a ditadura civil-militar que duraria mais de 20 anos no país. Como afirma o poeta: "O que eu & meus amigos pretendemos é o divórcio absoluto da nova geração dos valores destes neomedievalistas. E a libertação de si mesmos do Super-Ego da Sociedade. Isto é o que nos separa das filosofias autoritárias tais como elas aparecem nas têmperas conservadoras & militaristas. Fazemos uma afirmação de que os atos individuais de violência são sempre preferidos à violência coletiva do Estado. Por isso, em contraposição às passeatas da Família com Deus pela Castidade, & a toda manifestação deste fã-clube-de-Deus, nós oporemos a Liberdade Sexual Absoluta em suas mais extremadas variações, levando em conta a solução do Marquês de Sade para quem a Justiça é a Santidade de Todas as Paixões. Sob o império ardente de vida do Princípio do Prazer, o homem, tal como na Grécia dionisíaca, deixará de ser artista para ser Obra de Arte".

Após *Piazzas*, Piva passou 12 anos sem publicar. Segundo relatos, foi um período em que escreveu pouco também. Caiu na vida de vez, abraçando a contracultura que estava chegando ao país, e da qual foi um dos precursores. Mergulhou em experiências lisérgicas, foi produtor de shows de rock (com bandas importantes da época, como o Made in Brasil), estudou Ciências Sociais, lecionou em escolas da periferia de São Paulo. Foi também o período onde se aprofundou na pesquisa de temas que iriam o acompanhar o resto da vida, como a ecologia.

Piva só retornaria para a poesia em 1976. Primeiro, com a inclusão de poemas do *Paranoia* na importante antologia *26 poetas hoje*, organizada por Heloísa Buarque de Hollanda, que trazia um panorama da poesia que estava se fazendo no Brasil daquele período. A antologia se tornou um marco da divulgação da poesia marginal, trazendo os poetas que estavam revitalizando a produção poética no Rio de Janeiro da época, como os do grupo Nuvem Cigana (Charles Peixoto, Chacal, Bernardo Vilhena) e os que circulavam em torno da coleção Frenesi (Cacaso, Luiz Olavo Fontes, Francisco Alvim, Ana Cristina César). O termo marginal, adotado pela crítica, referia-se não apenas ao tom irreverente e contracultural dos poetas, mas também ao fato deles estarem utilizando meios alternativos para a divulgação de seus livros, com edição independente e venda fora do circuito de livrarias, em bares, teatros e nas famosas Dunas da Gal, o ponto de encontro da juventude hippie na praia de Ipanema. Mas, para além dos poetas dessa nova geração, Heloísa reuniu textos de alguns autores mais experientes, como o próprio Piva, Afonso Henriques Neto, Waly Salomão, Capinam e Torquato Neto. Os três últimos egressos do entorno da Tropicália, o movimento cultural que revolucionou a cultura brasileira no fim dos anos 1960.

Depois, com a publicação de um livro inédito de poemas pela Feira de Poesia, selo editorial de Massao Ohno vinculado ao importante evento de mesmo nome, organizado por Claudio Willer e ocorrido no Teatro Municipal de São Paulo naquele ano. *Abra os olhos e diga ah!* é um livro bastante diverso dos anteriores. Os poemas são ainda mais fragmentários. O clima do livro muitas vezes é opressivo, repercutindo o ambiente ditatorial da época. Piva relembra: "No livro, aparece uma antropofagia urbana, um momento de ruptura. Inclusive é um estilo diferente de poesia, com cortes cinematográficos, de pequenos flashes, de um universo que corre com muita velocidade. Ele retoma a velocidade do *Piazzas*, mas com uma temática diferente, que é a temática da solidão dentro do amor. Nessa época, eu transei com um garoto muito inteligente, que tinha percorrido toda a América Latina aos 14 anos com uma mochila. Ele morou comigo seis meses e foi uma intensa paixão, uma intensa discussão de tudo isso. Enquanto ele dormia, eu acendia o abajur, via ele dormindo e escrevia a poesia".

O uso de letras capitulares, como o próprio Piva declarava, veio das leituras do poeta beat Michael McClure, que costuma utilizar o mesmo artifício em seus poemas. E com o mesmo intuito, para realçar o verso ou intensificar leituras, sem ter como fim a amplificação das vozes quando lidos em voz alta. *Abra os olhos e diga ah!* faz um movimento na poesia de Piva, que sai da rua da cidade, do espaço público cantado em *Paranoia* e *Piazzas*, para o quarto (ou a alcova). A cidade aparece apartada: "a cidade tosse como um índio com febre". Esse movimento é um primeiro distanciamento do espaço urbano, que irá se radicalizar nas décadas seguintes.

Com o início da abertura política, após mais de uma década de dura repressão pela ditadura civil-militar, Roberto Piva começa a colaborar em alguns veículos de imprensa, notadamente o jornal *Versus* e a revista *Singular e Plural*, editados por Marcos Faerman. Neles, publica poemas e manifestos, unindo a linguagem visionária e erótica com uma postura de denúncia e resistência contra a tortura política e a violência homofóbica. Na *Singular e Plural*, publica uma série de poemas intitulada "Meditações de Emergência", nome que iria o acompanhar pelo resto da vida (quase 20 anos depois, em 1996, Piva realizaria um ciclo de entrevistas públicas na Funarte com esse mesmo nome, conversando com nomes como Zé Celso Martinez Corrêa, Wesley Duke Lee e Claudio Willer, um time do qual tive o prazer de fazer parte). É o momento mais explicitamente político da poesia piviana.

O livro seguinte de Piva, *Coxas*, publicado em 1979, seguirá com o tom político dos textos anteriores, mas trabalhando com elementos narrativos livres, numa prosa poética celebratória, homoerótica e delirante. Piva une e contrapõe a resistência contra a repressão ditatorial com a sua experiência contracultural, cantando a liberdade comportamental e os encontros amorosos. Como lembra Piva, "*Coxas* é um livro rapsódico, é um livro de um embalo de toda uma experiência catastrófica, de todo um processo de mutilação da cultura que se viu durante os anos de governo de direita. Que não é muito diferente de um governo de esquerda. Então o *Coxas* foi essa viagem no absurdo da América Latina. O absurdo que estava naquele momento em todo o continente, toda aquela repressão de esquerda, de direita, de centro, de TFP [Tradição Família e Propriedade], de Hare Krishna. Toda essa tentativa de normatividade, de transformar as pessoas em 'normais', foi transposta para *Coxas* em forma de delírio. É um livro não tanto de poesia, mas de delírio, que surgiu em parte através do livro *A América e as civilizações*, de Darcy Ribeiro. Essa obra de Darcy também é delirante em certos trechos, quando o superego marxista dele permite".

Coxas (que tem como subtítulo "sex fiction & delírios") é formado por poemas em prosa, intercalados por versificados, e possui uma série de personagens, numa linguagem claramente influenciada por Céline: Pólen, Lindo Olhar, Coxas Ardentes, Rabo Louco. A narrativa fragmentada não se encerra, indo algumas vezes até a total desconstrução. Novamente, Piva iria se referenciar pelo modernismo heroico da primeira fase, dialogando com livros como *Macunaíma*, de Mário de Andrade, e *Cobra Norato*, de Raul Bopp. Livros que traziam através de experiências com narrativas ameríndias, a ampliação das possibilidades da literatura brasileira. E que foram pouco exploradas nas décadas seguintes. O interesse pela literatura ameríndia, ainda embrionário em *Coxas*, se tornaria uma obsessão para Piva nas décadas seguintes.

Um dos cenários de *Coxas*, o Clube Osso & Liberdade possuía o slogan "O Inferno de Dante é um paraíso". Essa frase poderia ser usada como chave para o livro seguinte de Piva, *20 poemas com brócoli*, publicado em 1981. O autor já avisa no posfácio: "Foi repensando Dante Alighieri & relendo o Inferno & o Paraíso (na magnífica edição ilustrada que me foi presenteada pelo escultor italiano Elvio Becheroni) que surgiram, numa síntese caligráfica & na eletricidade de uma manhã paulistana de 1979, estes poemas. Foi frequentando uma sauna de subúrbio que inventei o molho propiciatório para esse casamento do Céu & do Inferno. As pequenas estufas de vapor para duas pessoas nessa sauna me deram a imagem paradisíaca da bólgia onde os danados de Dante sonham eternamente. Mas os garotos do subúrbio são anjos".

Sobre o título bem-humorado, Piva declararia que "toda poesia tem que ter uma guarnição, e essa guarnição, os brócolis, é a vivência do poeta. Os poemas partem de tudo aquilo que eu absorvi da cultura brasileira, daquilo que eu li. Porque eu acho que a função de um intelectual, de um poeta, é transmitir cultura, conhecimento, imagens, loucura, alucinação, felicidade, melancolia para o seu povo. O brócoli faz parte desse molho propiciatório, sagrado, da comida das pessoas que vão devorar a poesia do poeta".

Ao contrário do livro anterior, *20 poemas com brócoli* é marcado pela concisão. São poemas curtos, altamente imagéticos, marcados pela elipse e a analogia. Mas é também um livro em que Piva parece estar passando a limpo, ordenando os temas que perpassam toda a sua obra, como o homoerotismo, o delírio, a crueldade, o amor, a liberdade, o anarquismo. Tudo está lá, de forma mais clara e seguindo um ritmo mais cadenciado, com as imagens mais dilapidadas. Para usar uma comparação cara ao Piva, se estivéssemos falando da discografia de Miles Davis, enquanto o *Coxas* seria o equivalente ao *Bitches Brew*, com seu *fusion* de ritmos e eletricidades, *20 poemas* era um *Kind of Blue*, com a economia de meios do cool jazz.

O período entre 1976 e 1983 foi o mais fértil da poesia de Piva. Ele publicou regularmente, tendo editado quatro livros, todos de grande qualidade. *Quizumba*, de 1983, marcaria mais um salto em sua expressão. É talvez o seu livro mais radical. Nele, a fragmentação da linguagem e a velocidade de cortes cinematográficos são levados ao limite, com os versos blocados. Se *20 poemas com brócoli* pode ser visto como uma chave para a compreensão da obra de Piva, *Quizumba* é um livro muitas vezes hermético, só podendo ser entendido por iniciados. É uma obra cifrada, intertextual, cheia de referências de leituras. O próprio título já diz muito. Como explica Piva: "Quizumba é confusão, é o grande caos, o grande atropelo de tudo. Aliás, minha vida tem sido uma quizumba, uma anarquia permanente. Não fico vivendo que nem um anarquista clássico, o anarquista de sindicato. Anarquia é o dia a dia, anarquia é todo dia. É viver uma experiência anarquista de cotidiano." Como Piva escreveria em um dos seus poemas mais famosos, para ele importava "fazer da anarquia um método & modo de vida".

Escrito como fluxo de consciência, *Quizumba* une delírios e anotações com relatos de experiências vividas, evocando amigos e companheiros de geração: "Rengastei Rocha descobriu a pedra filosofal numa enxurrada em Caieiras / Bicelli tem uma teoria sobre o ar comestível". "Papo com Júlio Bressane & Jairo Ferreira no Cachação / Lésbicas discutindo semiótica / saídas de um filme de Bressane / saídas de um poema de Roberto Piva", "Conversa com Mautner & Jacobina no Ponto Chic / Maracatu que Gil gravou com voz de crioulo de Quilombo / tradição Villa-Lobos". Se a vida sempre contaminou a poesia de Piva, *Quizumba* é o livro onde o relato existencial é mais explicitado.

Com a abertura política do começo da década de 1980, algumas editoras descobriram que existia um público jovem interessado na poesia feita durante o período de repressão política. Eram poemas que só haviam circulado em edições independentes, sendo de difícil acesso a um público mais amplo. Como resultado, coleções como a Olho da Rua, da L&PM, e Cantadas Literárias, da Brasiliense, lançaram diversas antologias de poetas da geração dita "marginal", conquistando grande atenção de público e crítica. Alguns desses volumes chegaram a ter várias edições, fato raro na poesia brasileira. Cacaso, Paulo Leminski, Chacal, Ana Cristina César, Francisco Alvim, Waly Salomão, todos esses importantes poetas tiveram seus poemas reunidos no período. Piva não foi exceção, e também ganhou uma antologia na coleção Olho da Rua, em 1985. Organizada pelo autor, a *Antologia Poética* trazia uma ampla seleção dos livros anteriores e, como material inédito, a publicação de uma série de manifestos, alguns escritos na década de 1960 e outros recentes, como o "Manifesto da selva mais próxima" e o "Manifesto utópico-ecológico em defesa da poesia e do delírio". Nestes manifestos, já ficava clara a guinada que a poesia de Piva faria nos seus livros seguintes.

Após a *Antologia poética*, Piva viveu um período de ostracismo. Passaria mais 12 angustiantes anos sem publicar livro algum. Ao contrário do período anterior, quando não editou por seus interesses estarem voltados para outras direções, agora foi doloroso. Sua produção poética continuava intensa, e ele acreditava que poderia estar realizando a parte mais relevante da sua obra. Havia abandonado a temática urbana por uma poesia selvagem, baseada nos cantos xamânicos e na poesia dos povos da floresta. Era uma nova voz, após a ruptura radical de *Quizumba*. Mas, diferente deste, agora a base era ameríndia, e não afro-brasileira. De qualquer forma, Piva raramente conseguia colocar seus poemas em revistas, muito menos conseguir uma editora para um novo livro.

Piva estava em busca de uma poesia extática. Como declarou em entrevista para Ademir Assunção: "Poesia xamânica é a poesia do inconsciente coletivo. Na definição de Octavio Paz, poesia é a perversão do corpo. Aliás, é uma das belas definições de poesia. A outra é de André Breton: poesia é a mais fascinante orgia ao alcance do homem. Para mim, a poesia é sempre xamânica, e o poeta é sempre um xamã".

O interesse de Piva pelo xamanismo passa também por seu teor livre e selvagem: "Meu relacionamento é com o xamanismo, que é uma religião de poesia, não de teologia. De certa forma, até o candomblé é uma religião organizada. E o xamanismo você pode realizar em qualquer parte, dentro de um trem, dentro de um ônibus. Você tem uma relação não-organizada com o sagrado".

A extensa produção poética desse período só seria reunida em livro em 1997, por convite de Fabio Weintraub, então um dos editores da Nankin. No ano anterior, a revista *Azougue* havia publicado uma extensa antologia de Piva, seguida de diversos poemas inéditos, que havia chamado a atenção dos leitores e da crítica e estimulado Weintraub a convidar Piva para publicar um novo volume de poesia.

O livro, *Ciclones*, seria o mais extenso publicado por Piva, com 73 poemas. Segundo Willer, os poemas muitas vezes concisos e de alta voltagem de *Ciclones* "parecem completar um ciclo, se encontrando em um pólo oposto com relação a *Paranoia* quanto a ambientação dos poemas. Se, em *20 poemas com brócolis*, proclama que é preciso sair da metrópole, parafraseando o Rimbaud de a verdade vida não está aqui e o Breton de a existência está em outra parte, então *Quizumba* é o livro da ruptura total e *Ciclones* aquele de quando já se saiu".

As publicações chamaram a atenção de uma nova geração de leitores para a poesia e a figura emblemática de Roberto Piva. Nos anos seguintes, ele viu o seu livro *Paranoia* ser reeditado em edição fac-similar pelo Instituto Moreira Salles, foi um dos protagonistas do documentário de Ugo Giorgetti, *Uma outra cidade – poesia e vida em São Paulo dos anos 1960* (2001, ao lado dos companheiros de geração Claudio Willer, Antonio Fernando de Franceschi, Rodrigo de Haro e Jorge Mautner), e foi tema de um filme documentário de média-metragem *Assombração urbana* (direção de Valesca Dios, 2004). E, entre 2005 e 2008, teve a sua obra poética reunida em três volumes pela editora Globo: *Um estrangeiro na legião*, com os poemas dos anos 1960, *Mala na mão & asas pretas*, com os poemas dos anos 1970 e 1980, e *Estranhos sinais de Saturno*, com os poemas de *Ciclones* seguidos de um volume inédito.

O livro inédito, o último publicado em vida, traz poemas que foram escritos em paralelo aos reunidos em *Ciclones*, mas que ficaram fora desse volume, e alguns textos novos, que trazem uma depuração das experiências de linguagem dos últimos anos. A irreverência e a potência imagética de Piva se fazem presentes, com alguns textos de grande qualidade. Mas o autor já estava cansado: desde o fim da década de 1990, lutava contra uma doença de Parkinson que minava seu ânimo e atrapalhava os seus gestos, as suas caminhadas cotidianas e a sua fala. A falta de recursos financeiros que acompanhou toda a sua vida se fazia mais gritante, agravada pelas dificuldades de saúde.

Piva faleceria pouco depois de ver seu último livro de poemas ser publicado, em 3 de julho de 2010, aos 72 anos de idade. Se os últimos anos de sua vida haviam sido de intensa luta, também foram de consagração. Finalmente sua obra estava circulando por um público mais jovem, que o compreendia e admirava. E, nos últimos anos, a atenção à sua obra só se amplia, com teses acadêmicas sendo realizadas, com traduções e novas edições, resgatando textos inéditos e dispersos e refletindo sobre a força da poesia e do pensamento de um dos maiores poetas que já surgiram no Brasil. A obra singular de Piva é hoje reconhecida como um dos pontos altos da poesia brasileira. E sua trajetória intelectual original e provocativa, um importante ponto de reflexão sobre a cultura brasileira e as possibilidades de atuação política e de existência no mundo atual.

Muito mais poderia ser dito sobre essa que é uma das figuras mais impressionantes surgidas no Brasil das últimas décadas, mas, como dizia Piva, “tudo o que vocês chamam de história não é senão o plano de fuga da civilização de vocês. Vão pro diabo que os carregue. Eu vou para a praia”.

LIBELO

Não mais trarei justificações
Aos olhos do mundo.
Serei incluído
– pormenor esboçado –
Na grande Bruma.
Não serei batizado,
Não serei crismado,
Não estarei doutorado,
Não serei domesticado
Pelos rebanhos
Da terra.
Morrerei inocente
Sem nunca ter
Descoberto
O que há de bem e mal
De falso ou certo
No que vi.

POEMA 1

No intervalo absurdo em que vivemos,
Eis-nos suspensos:
Hastes que se alongam
Em direção à Morte.
As auroras colhem-nos
Renitentes
Soldados aos instantes
Onde a polpa dos dias
Sem névoa
Dissolve-se de encontro a línguas
Impossíveis.

Neste curto espaço
Entre nós e a Morte
Embarcados nos convencionais minutos
Plantaremos discórdias
Implacáveis. E emancipados
Do noturno interior das fábricas,
Pálidos meninos
Renascerão ao sol.

ODE A FERNANDO PESSOA

O rádio toca Stravinsky para homens surdos e eu
recomponho na minha imaginação a
tua vida triste passada em Lisboa.
Ó Mestre da plenitude da Vida cavalgada em Emoções,
Eu e meus amigos te saudamos!
Onde estarás sentindo agora?
Eu te chamo do meio da multidão com minha voz
arrebatada,
A ti, que és também Caeiro, Reis, Tu-mesmo, mas é como
Campos que vou saudar-te, e sei que não
ficarás sentido por isso.
Quero oferecer-te o palpitar dos meus dias e noites,
A ti, que escutaste tudo quanto se passou no universo,
Grande Aventureiro do Desconhecido, o canto que
me ensinaste foi de libertação,
Quando leio teus poemas, alastra-se pela minh'alma
dentro um comichão de saudade da
Grande Vida,
Da Grande Vida batida de sol dos trópicos,
Da Grande Vida de aventuras marítimas salpicada
de crimes,
Da grande vida dos piratas, Césares do Mar Antigo.
Teus poemas são gritos alegres de Posse,
Vibração nascida com o Mundo, diálogos contínuos
com a Morte,
Amor feito à força com toda a Terra.

Sempre levo teus poemas na alma e todos os meus
amigos fazem o mesmo.

Sei que não sofres fisicamente pelos que estão doentes
de Saudade, mas de madrugada, quando
exaustos nos sentamos nas praças, Tu estás
conosco, eu sei disso, e te respiramos na brisa.
Quero que venhas compartilhar conosco as orgias da
meia-noite, queremos ser para ti mais
do que para o resto do mundo.
Fernando Pessoa, Grande Mestre, em que direção
aponta tua loucura esta noite?
Que paisagens são estas?
Quem são estes descabelados com gestos de bailarinos?

Vamos, o subúrbio da cidade espera nossa aventura,
As meninas já abandonaram o sono das famílias,
Adolescentes iletrados nos esperam nos parques.
Vamos com o vento das folhagens, pelos planetas,
cavalgando vaga-lumes cegos até o Infinito.
Nós, tenebrosos vagabundos de São Paulo, te ofertamos
em turíbulo para uma bacanal em espuma
e fúria.
Quero violar todas as superfícies e todos os homens
da superfície,
Vamos viver para além da burguesia triste que domina
meu país alegremente Antropófago.
Todos os desconhecidos se aproximam de nós.
Ah, vamos girar juntos pela cidade, não importa o que
faças ou quem sejas, eu te abraço, vamos!
Alimentar o resto da vida com uma hora de loucura,
mandar à merda todos os deveres, chutar os
padres quando passarmos por eles nas ruas,
amar os pederastas pelo simples prazer de
traí-los depois,

Amar livremente mulheres, adolescentes, desobedecer
integralmente uma ordem
por cumprir, numa orgia insaciável e insaciada de todos
os propósitos-Sombra.
Em mim e em Ti todos os ritmos da alma humana,
todos os risos, todos os olhares,
todos os passos, os crimes, as fugas,
Todos os êxtases sentidos de uma vez,
Todas as vidas vividas num minuto Completo e Eterno,
Eu e Tu, Toda a Vida!
Fernando, vamos ler Kierkegaard e Nietzsche no Jardim
Trianon pela manhã, enquanto as crianças
brincam na gangorra ao lado.
Vamos percorrer as vielas do centro aos domingos
quando toda a gente decente dorme, e só
adolescentes bêbados e putas encontram-se
na noite.
Tu, todas as crianças vivazes e sonolentas,
Carícia obscena que o rapazito de olheiras fez ao
companheiro de classe e o professor não vê;
Tu, o Ampliado, latitude-longitude, Portugal África
Brasil Angola Lisboa São Paulo e o resto
do mundo,
Abraçado com Sá-Carneiro pela Rua do Ouro acima,
de mãos dadas com Mário de Andrade no
Largo do Arouche.
Tu, o rumor dos planaltos, tumulto do tráfego
na hora do rush, repique dos sinos de São Bento,
hora tristonha do entardecer visto do
Viaduto do Chá,
Digo em sussurro teus poemas ao ouvido do Brasil,
adolescente moreno empinando

papagaios na América.
Vamos ver a luz da Aurora chispando nas janelas
dos edifícios, escorrendo pelas águas do
Amazonas, batendo em chapa na caatinga
nordestina, debruçando no Corcovado,
Ouçamos a bossa-nova deitados na palma da mão do
Cristo e a batucada vinda diretamente
do coração do morro.
Tu, a selvagem inocência nos beijos dos que se amam,
Tu, o desengajado, o repentino, o livre.
Agora, vem comigo ao Bar, e beberemos de tudo nunca
passando pelo caixa,
Vamos ao Brás beber vinho e comer pizza no Lucas,
para depois vomitarmos
tudo de cima da ponte,
Vem comigo, eu te mostrarei tudo: o Largo do Arouche
à tarde, o Jardim da Luz pela manhã,
veremos os bondes gingando nos trilhos
da Avenida,
assaltaremos o Fasano, iremos ver "as luzes do Cambuci
pelas noites de crime", onde está a menina-moça
violada por nós num dia de Chuva e Tédio,
Não te levarei ao Paissandu para não acordarmos o sexo
do Mário de Andrade
(ai de nós se ele desperta!),
Mas vamos respirar a Noite do alto da Serra do Mar:
quero ver as estrelas refletidas em teus olhos.
Sobre as crianças que dormem, tuas palavras dormem;
eu deles me aproximo e dou-lhes um beijo
familiar na face direita.
Teu canto para mim foi música de redenção,
Para tudo e todos a recíproca atração de Alma e Corpo.

Doce intermediário entre nós e a minha maneira
predileta de pecar.
Descartes tomando banho-maria, penso, logo minto,
na cidade futura, industrial e inútil.
Mudo, fruto amadurecido em meus braços arqueados
de te embalar,
Resumirei para Ti a minha história:
Venho aos trambolhões pelos séculos,
Encarno todos os fora-da-lei e todos os desajustados,
Não existe um gângster juvenil preso por roubo e
nenhum louco sexual que eu não acompanhe
para ser julgado e condenado;
Desconheço exame de consciência, nunca tive remorsos,
sou como um lobo dissonante nas lonjuras
de Deus.
Os que me amam dançam nas sepulturas.
Da vidraça aberta olho as estrelas disseminadas no céu;
onde estás, Mestre Fernando?
Foste levar a desobediência aos aplicados meninos
do Jardim América?
Dás um lírio para quem fugir de casa?
Grande indisciplinador, é verdade?

Vamos ao norte amar as coisas divinamente rudes.
Vamos lá, Fernando, dançar maxixe na Bahia e beber
cerveja até cair com um baque surdo no centro
da Cidade Baixa.
Sabes que há mais vida num beco da Bahia ou num
morro carioca do que em toda São Paulo?
São Paulo, cidade minha, até quando serás o convento
do Brasil?
Até teus comunistas são mais puritanos que padres.

Pardos burocratas de São Paulo, vamos fugir para
as praias?
Ó cidade das sempiternas mesmices, quando te racharás
ao meio?
Quero cuspir no olho do teu Governador e queimar
os troncos medrosos da floresta humana.
Ó Faculdade de Direito, antro de cavalgaduras
eloquentes da masturbação transferida!
Ó mocidade sufocada nas Igrejas, vamos ao ar puro das
manhãs de setembro!
Ó maior parque industrial do Brasil, quando limparei
minha bunda em ti?
Fornalha do meu Tédio transbordando até o Espasmo.
Horda de bugres galopando a minha raiva!
Sei que não há horizontes para a minha inquietação sem
nexo,
Não me limitem, mercadores!
Quero estar livre no meio do Dilúvio!
Quero beber todos os delírios e todas as loucuras, mais
profundamente que qualquer Deus!
Põe-te daqui pra fora, policiamento familiar da alma dos
fortes: eu quero ser como um raio para vós!
Violência sincopada de todos os boxeurs!
Brasileira do Chiado em dias de porre de absinto.
Arcabouço de todas as náuseas da vida levada em
carícias de Infinito.
Tudo dói na tua alma, Nando, tudo te penetra,
e eu sinto contigo o íntimo tédio de tudo.
Realizarei todos os teus poemas, imaginando como
eu seria feliz se pudesse estar
contigo e ser tua Sombra.

VISÃO DE SÃO PAULO À NOITE

Poema Antropófago sob Narcótico

Na esquina da rua São Luís uma procissão de mil pessoas
acende velas no meu crânio
há místicos falando bobagens ao coração das viúvas
e um silêncio de estrela partindo em vagão de luxo
fogo azul de gim e tapete colorindo a noite, amantes
chupando-se como raízes
Maldoror em taças de maré alta
na rua São Luís o meu coração mastiga um trecho
da minha vida
a cidade com chaminés crescendo, anjos engraxates com
sua gíria feroz na plena alegria das praças,
meninas esfarrapadas definitivamente fantásticas
há uma floresta de cobras verdes nos olhos do meu amigo
a lua não se apoia em nada
eu não me apoio em nada
sou ponte de granito sobre rodas de garagens subalternas
teorias simples fervem minha mente enlouquecida
há bancos verdes aplicados no corpo das praças
há um sino que não toca
há anjos de Rilke dando o cu nos mictórios
reino-vertigem glorificado
espectros vibrando espamos
beijos ecoando numa abóbada de reflexos
torneiras tossindo, locomotivas uivando, adolescentes
roucos enlouquecidos na primeira infância
os malandros jogam ioiô na porta do Abismo
eu vejo Brama sentado em flor de lótus
Cristo roubando a caixa de milagres

Chet Baker ganindo na vitrola
eu sinto o choque de todos os fios saindo pelas portas
        partidas do meu cérebro
eu vejo putos putas patacos torres chumbo chapas chopes
        vitrinas homens mulheres pederastas e crianças
        cruzam-se e abrem-se em mim como lua gás rua
        árvores lua medrosos repuxos colisão na ponte
        cego dormindo na vitrina do horror
disparo-me como uma tômbola
a cabeça afundando-me na garganta
chove sobre mim a minha vida inteira, sufoco ardo
        flutuo-me
nas tripas, meu amor, carrego teu grito como um tesouro
        afundado
quisera derramar sobre ti todo meu epiciclo de centopeias
        libertas
ânsia fúria de janelas olhos bocas abertas, torvelins de
        vergonha, correrias de maconha em piquiniques
        flutuantes
vespas passeando em volta das minhas ânsias
meninos abandonados nus nas esquinas
angélicos vagabundos gritando entre as lojas e os templos
        entre a solidão e o sangue, entre as colisões,
        o parto e o Estrondo

PARANOIA EM ASTRAKAN

Eu vi uma linda cidade cujo nome esqueci
onde anjos surdos percorrem as madrugadas
tingindo seus olhos com lágrimas invulneráveis
onde crianças católicas oferecem limões para pequenos
paquidermes que saem escondidos das tocas
onde adolescentes maravilhosos fecham seus cérebros
para os telhados estéreis e incendeiam internatos
onde manifestos niilistas distribuindo pensamentos
furiosos puxam a descarga sobre o mundo
onde um anjo de fogo ilumina os cemitérios em festa e a
noite caminha no seu hálito
onde o sono de verão me tomou por louco e decapitei o
Outono de sua última janela
onde o nosso desprezo fez nascer uma lua inesperada
no horizonte branco
onde um espaço de mãos vermelhas ilumina aquela
fotografia de peixe escurecendo a página
onde borboletas de zinco devoram as góticas
hemorroidas das beatas
onde as cartas reclamam drinks de emergência para
lindos tornozelos arranhados
onde os mortos se fixam na noite e uivam por um
punhado de fracas penas
onde a cabeça é uma bola digerindo os aquários
desordenados da imaginação

PRAÇA DA REPÚBLICA DOS MEUS SONHOS

A estátua de Álvares de Azevedo é devorada com
paciência pela paisagem de morfina
a praça leva pontes aplicadas no centro do seu corpo
e crianças brincando na tarde de esterco
Praça da República dos meus sonhos
onde tudo se faz febre e pombas crucificadas
onde beatificados vêm agitar as massas
onde García Lorca espera seu dentista
onde conquistamos a imensa desolação
dos dias mais doces
os meninos tiveram seus testículos espetados
pela multidão
lábios coagulam sem estardalhaço
os mictórios tomam um lugar na luz
e os coqueiros se fixam onde o vento desarruma
os cabelos
Delirium Tremens diante do Paraíso bundas glabras
sexos de papel
anjos deitados nos canteiros cobertos de cal
água fumegante nas privadas
cérebros sulcados de acenos
os veterinários passam lentos lendo Dom Casmurro
há jovens pederastas embebidos em lilás
e putas com a noite passeando em torno de suas unhas
há uma gota de chuva na cabeleira abandonada
enquanto o sangue faz naufragar as corolas
Oh minhas visões lembranças de Rimbaud
Praça da República dos meus Sonhos
última sabedoria debruçada numa porta santa

A PIEDADE

Eu urrava nos poliedros da Justiça meu momento abatido
na extrema paliçada
os professores falavam da vontade de dominar e da luta
pela vida
as senhoras católicas são piedosas
os comunistas são piedosos
os comerciantes são piedosos
só eu não sou piedoso
se eu fosse piedoso meu sexo seria dócil e só se ergueria
aos sábados à noite
eu seria um bom filho meus colegas me chamariam de
cu-de-ferro e me fariam perguntas por que navio
boia? Por que prego afunda?
eu deixaria proliferar uma úlcera e admiraria as estátuas de
fortes dentaduras
iria a bailes onde eu não poderia levar meus amigos
pederastas ou barbudos
eu me universalizaria no senso comum e eles diriam que
tenho todas as virtudes
eu não sou piedoso
eu nunca poderei ser piedoso
meus olhos retinem e tingem-se de verde
os arranha-céus de carniça se decompõem nos pavimentos
os adolescentes nas escolas bufam como cadelas asfixiadas
arcanjos de enxofre bombardeiam o horizonte atráves
dos meus sonhos

JORGE DE LIMA, PANFLETÁRIO DO CAOS

Foi no dia 31 de dezembro de 1961 que te compreendi
    Jorge de Lima
enquanto eu caminhava pelas praças agitadas pela
    melancolia presente na minha memória
    devorada pelo azul
eu soube decifrar os teus jogos noturnos
indisfarçável entre as flores
uníssonos em tua cabeça de prata e plantas ampliadas
como teus olhos crescem na paisagem Jorge de Lima
    e como tua boca palpita nos bulevares oxidados
    pela névoa
uma constelação de cinza esboroa-se na contemplação
    inconsútil de tua túnica
e um milhão de vaga-lumes trazendo estranhas tatuagens
    no ventre se despedaçam contra os ninhos
    da Eternidade
é neste momento de fermento e agonia que te invoco
    grande alucinado querido e estranho professor
    do Caos sabendo que teu nome deve estar como
    um talismã nos lábios de todos os meninos

BOLETIM DO MUNDO MÁGICO

Meus pés sonham suspensos no Abismo
minhas cicatrizes se rasgam na pança cristalina
eu não tenho senão dois olhos vidrados e sou um órfão
havia um fluxo de flores doentes nos subúrbios
eu queria plantar um taco de snooker numa estrela fixa
na porta do bar eu estou confuso como sempre mas as
        galerias do meu crânio não odeiam mais a batucada
        dos ossos
colégios e carros fúnebres estão desertos
pelas calçadas crescem longos delírios
punhados de esqueletos são atirados no lixo
eu penso nos escorpiões de ouro e estou contente
os luminosos cantam nos telhados
eu posso abrir os olhos para a lua aproveitar o medo
        das nuvens
mas o céu roxo é uma visão suprema
minha face empalidece com o álcool
eu sou uma solidão nua amarrada a um poste
fios telefônicos cruzam-se no meu esôfago
nos pavimentos isolados meus amigos constroem um
        manequim fugitivo
meus olhos cegam minha mente racha-se de encontro a uma
        calota minha alma desconjuntada passa rodando

PAISAGEM EM 78 R.P.M.

A criança abaixa as sobrancelhas
e o sorvete
sobre a cabeça de lata de Camões
esquecida atentamente nos estofos normais de um Packard
Eu sou naquela tarde um ritmo
sabendo de antemão um coração ferido
Sem ser necessariamente elogiado pelos plátanos
ou saltar das fronteiras
de São Paulo para abraçar
as redondilhas da vida pastoral
Os filantropos entraram com o pé direito
na Casa da Aventura Lansquené
e os pardais urravam nos ninhos
feitos com cabelos de Trotski
as latas de compota riam com as línguas
de fora
o Sol se punha nos meus planos
e
a
nossa
amante ruiva bota no pescoço um
lenço verde de Tolstoi
no alto
do Viaduto o louco colava pedacinhos de céu
na camisa de força
destruindo o horizonte a marteladas
a Morte
é
um
REFRÃO NO CRÂNIO SEM JANELAS

POEMA LACRADO

meu abraço plurissexual na sua
imagem niquelada
onde o grito
desliza suavemente nos seios fixos
a
diminuta peça teatral estreando para os alucinados
e as
crianças instalavam transatlânticos nas bacias
de água morna
Tarde de estopa carcomida
e pêssego com marshmallow no Lanches Pancho
meu pequeno estúdio invadido por meus amigos
bêbados
Miles Davis a 150 quilômetros por hora
caçando minhas visões como um demônio
uma avenida sem nome e uma esferográfica Parker
nos meus manuscritos
e os anjos catando micróbios psicomânticos
dentro dos Táxis
minhas alucinações arrepiando os cabelos do sexo
de Whitman
ó janela insone que a chuva
abre desesperada!
ó delírio das negras à saída das
prisões!
os drinks desfilam diante dos amigos
embriagados no tapete
Saratoga Springs
Kummel Coquetel

minhas almas estão sendo enforcadas
com intestinos de esqualos
meus livros flutuam horrivelmente
no parapeito
meu melhor amigo
brinca de profeta
no meu cérebro oito mil vaga-lumes
balbuciam e morrem

POEMA PORRADA

Eu estou farto de muita coisa
não me transformarei em subúrbio
não serei uma válvula sonora
não serei paz
eu quero a destruição de tudo o que é frágil:
          cristãos fábricas palácios
          juízes patrões e operários
uma noite destruída cobre os dois sexos
minha alma sapateia feito louca
um tiro de máuser atravessa o tímpano de
          duas centopeias
o universo é cuspido pelo cu sangrento
          de um Deus-Cadela
as vísceras se comovem
eu preciso dissipar o encanto do meu velho
          esqueleto
eu preciso esquecer que existo
mariposas perjuram o céu de cimento
eu me entrincheiro no Arco-Íris
Ah voltar de novo à janela
          perder o olhar nos telhados como
          se fosse o Universo
o girassol de Oscar Wilde entardece sobre os tetos
eu preciso partir um dia para muito longe
o mundo exterior tem pressa demais para mim
São Paulo e a Rússia não podem parar
quando eu ia ao colégio Deus tapava os ouvidos para mim?
a Morte olha-me da parede pelos olhos apodrecidos
          de Modigliani

eu gostaria de incendiar os pentelhos de Modigliani
minha alma louca aponta para a Lua
vi os professores e seus cálculos discretos ocupando
        o mundo do espírito
vi criancinhas vomitando nos radiadores
vi canetas dementes hortas tampas de privada
abro os olhos as nuvens tornam-se mais duras
trago o mundo na orelha como um brinco imenso
a loucura é um espelho na manhã de pássaros sem Fôlego

METEORO

Eu direi as palavras mais terríveis esta noite
enquanto os ponteiros se dissolvem
contra o meu poder
contra o meu amor
no sobressalto da minha mente
meus olhos dançam
no alto da Lapa os mosquitos me sufocam
que me importa saber se as mulheres são
férteis se Deus caiu no mar se
Kierkegaard pede socorro numa montanha
da Dinamarca?
os telefones gritam
isoladas criaturas caem no nada
os órgãos de carne falam morte
morte doce carnaval de rua do
fim do mundo
eu não quero elegias mas sim os lírios
de ferro dos recintos
há uma epopeia nas roupas penduradas contra
o céu cinza
e os luminosos me fitam do espaço alucinado
quantos lindos garotos eu nao vi sob esta luz?
eu urrava meio louco meio estarrado meio fendido
narcóticos santos ó gato azul da minha mente!
eu não posso deter nunca mais meus Delírios
Oh Antonin Artaud
Oh García Lorca
com seus olhos de aborto reduzidos
a retratos

almas
almas
como icebergs
como velas
como manequins mecânicos
e o clímax fraudulento dos sanduíches almoços
sorvetes controles ansiedades
eu preciso cortar os cabelos da minha alma
eu preciso tomar colheradas de
Morte Absoluta
eu não enxergo mais nada
meu crânio diz que estou embriagado
suplícios genuflexões neuroses
psicanalistas espetando meu pobre esqueleto em férias
eu apertava uma árvore contra meu peito
como se fosse um anjo
meus amores começam crescer
passam cadillacs sem sangue os helicópteros mugem
minha alma minha canção bolsos abertos
da minha mente
eu sou uma alucinação na ponta de teus olhos

PIAZZA 1

Uma tarde
é suficiente para ficar louco
ou ir ao Museu ver Bosch
uma tarde de inverno
sobre um grave pátio
onde garòfani   mik-shake & Claude
obcecado com anjos
os vastos motores que giram com
uma graça seráfica
tocar o banjo da Lembrança
sem o amor encontrado   provado   sonhado
& longos   viveiros   municipais
sem procurar compreender
imaginar
a medula sem olhos
ou pássaros virgens
aconteceu que eu revi
a simples torre mortal do Sonho
não com dedos reais & cilíndricos
Du Barry   Byron   Marquesa de Santos
Swift   Jarry   com barulho
de sinos nas minhas noites de bárbaro
os carros de fogo
os trapézios de mercúrio
são mãos escrevendo & pescando
ninfas escatológicas
pequenos canhões do sangue & os grandes olhos abertos
para algum milagre da Sorte

PIAZZA III

Meus olhos
entornados
num ligeiro sonho
automático
em necessária
rifa de encantos
algumas vezes
falando fora de
mim mesmo
& além disso
consolado
nos terraços
de tijolos úmidos &
gerânios de cobalto
assobiando lentas canções
quando eu lembrava Jean
a olhar para mim
citando Baudelaire
na penumbra
onde seu rosto
teria podido matar
numa doce ELEVADA
fome

HOMENAGEM AO MARQUÊS DE SADE

O Marquês de Sade vai serpenteando menstruado por
máquinas & outras vísceras
imperador sobre-humano pedalando a Ursa Maior no
tórax do Oceano
onde o crocodilo vira o pescoço & acorda a flor louca
cruzando a mente num suspiro
é aéreo o intestino acústico onde ele deita com o vasto
peixe da tristeza violentando os muros de sacarina
ele se ajoelha na laje cor do Tempo com o grito das
Minervas em seus olhos
o grande cu de fogo de artifício incha este espelho de
adolescentes com uma duna em cada mão
as feridas vegetais libertam os rochedos de carne
empilhadas na Catástrofe
um menino que passava comprimiu o dorso descabelado
da mãe uivando na janela
a fragata engraxada nos caminhos da sobrancelha
calcina
o chicote de ar do Marquês de Sade
no queixo das chaminés
falta ao mundo uma partitura ardente como o hímen
dos pesadelos
os edifícios crescem para que eu possa praticar amor
nos pavimentos
o Marquês de Sade pôs fogo nos ossos dos pianistas que
rachavam como batatas
ele avança com tesouras afiadas tomando as nuvens
de assalto
ele sopra um planador na direção de um corvo agonizante

ele me dilacera & me protege contra o surdo século de
quedas abstratas

PIAZZA V

Oswald Spengler tem uma
porta no seu tornozelo
& nuvens através dele
limpando a pele
que projeta
um velho cachecol marrom
em teu olho
eu penso
pelos seus
líquidos compassos de sátiro
até
um cenário de músculos
impedindo de esmagar
o carvão de
vidro verde
que aquece
a estrela nua de
anteontem
Oswald Spengler tem uma porta no seu tornozelo
batendo
até
altas horas

O JARDIM DAS DELÍCIAS

Teu sopro no corrimão anatômico sobre meus olhos
aquela serpente com escamas de cicuta sacudida entre
    tuas coxas de megatons
é um meio seguro de não mais aconchegar a mais serena
    catástrofe
como um espelho de vingança acordado por um bater
    de asas
& um piano que rola até o limite de doces raízes
onde se completam as cachoeiras das trepanações
teus olhos são gritos demasiado redondos
Meu circuito de trincheiras pela mesma razão de ninho
    de águia
tempo em que os 12 andares do sexo correm persianas
    de galalite
relâmpagos do mesmo líquen magnético de tua boca
    de quinze anos
quando não vais à escola para assistires Flash Gordon
    & ler Otto Rank nas esquinas
o mundo continua sendo um breve colapso logo que as
    pálpebras baixem
& meu amor por ti uma profanação consciente
    de eternas estrelas de rapina

PIAZZA VI

Algumas vezes
as bombas de sorvete
caindo há 15 anos
durante a tempestade
Sem ler
Freud ou Villon
os garotos
rompem barreiras
então em qualquer
terreno baldio
iluminam
vestem-se
no furacão do amor humano
onde
um cometa se desdobra
TESTE DI RAGAZZI CHE RIDONO
nos céus de whisky
em cada canto da BOCA
cósmica

SLOGAN

Assim que o sol embaralhado nos seus cílios de bronze como um pequeno espanto nas folhas de luz afugenta os corações dos seus ninhos de crepúsculo o mundo vive na partitura sublinhada do meu sangue o seu único esplendor.

PIAZZA VIII

Eu aprendi com Rimbaud
        & Nietzsche os meus
        toques de INFERNO
(Anjos de Freud,
        sustentai-me!)
& afirmando isto
        através dos quartos sem tetos
        & amores azuis
eu corro até a colher de espuma fervente
        driblando-me no cemitério
faminto da última FOME
com tumbas & amantes cheios de pétalas
porque o céu foi nossa última chance
        esta noite

ARREGIMENTAÇÃO FORMAL DA ESTRELA HINTER

Quando adormeço um folhudo girassol rói a parte lateral do meu crânio & me acena seus pequenos olhos cadentes no imenso vazio. Quando adormeço eu digo alguma coisa a este louco, a esta serpente & a esta lanterna circulando na montanha. Quando adormeço a respiração do pajé tumultua um pavão cortado ao meio para enfeitar bonecas (suas partes barrocas intercedem por mim nos diversos iglus). Quando adormeço ah pirâmide de baleias de sarjeta coloridas & sem gosto. Eu deslizo num alívio impuro de sugestões maquinais, turcas espermáticas. Quando adormeço o trigal olímpico invade minhas vértebras abraçadas com os delicados rostos de sempre, exorcismo sem significado na barbárie do Zepelim, antenas sugadoras dos desertos de formigas pretas onde o trigal ondula, ondula até a morte.

ABRA OS OLHOS & DIGA AH!

visão antropológica do canto da janela
prismada em geleia-coração no vinho
de março (o mês mais terrível)
novos animais de rapina
OS OLHOS DO MEU AMANTE OS OLHOS DO MEU AMANTE
galáxias internas OLHOS LIBERDADE galáxias internas
no fundo cor-de-rosa do chocolate eu te respiro
nas tripas só com os mortos & seus travesseiros
de flores
nas tripas extravagantes meu amor atrás das
vitrinas
só com os mortos o universo é um espírito
no útero da maçã
tudo começa
a anoitecer
cheio de energia

*

eu sou o jet set do amor maldito
DENTRO DA NOITE & SUAS CÓLICAS ILUMINADAS
os papagaios da morte com Aristóteles na proa do trovão
DISPOSIÇÃO DE IR À DERIVA NOS DADOS DO AMOR
espinafre pela manhã & queijo em pasta
almas-esportivas com flores entre os dentes
minha laranja se abrindo como uma porta
TUA VOZ É ETERNA eu vejo a mão cinzenta rasgar
a parede do mundo
ESTAMOS DEFINITIVAMENTE NA VIDA

*

(A POLÍTICA DO CORPO EM FOGO DO CORPO EM CHAMAS
DO CORPO EM FOGO) APAGANDO A LUZ as trevas devoram
teu corpo em chamas tua boca aberta teu suicídio
de prazer na grama tuas mãos colhendo meu rosto
de folhas machucadas na escuridão
teu gemido à sombra
das cuequinhas em flor
teus cabelos são solidamente negros

*

O ANJO DO BANHEIRO AMANDO A COMUNA DE PARIS
DEIXA-SE FOTOGRAFAR COMENDO UMA FRUTA-DO-CONDE
eu me preparo para estas cidades sem limites
o deserto & suas línguas trepidantes
marchas de samurais atentos nos pântanos
longe sem sair do lugar
(AMO TUA BOCA DEVASTADA POR MFUMAÇAS DIABÓLICAS)
uma rosa na ponta dos olhos
uma rosa em tua boca errante
meus olhos fixos na ponte do paraíso

*

na savana os elefantes pirados de amor trombeteiam
UMA ÁGUIA CAI EM MEUS OLHOS & SUSPIRA
SONO & SONHO PALMA DA MÃO INCHADA
quero teu coração prontinho para zarpar
pétalas engasgam teus sonhos
anunciam uma tempestade & tombam na noite

*

(O SEXO DA MEIA-LUA LANÇA SUA NOTA METÁLICA & SEUS
GATOS SELVAGENS) onde dançamos com gorilas tântricos
cérebros eletrônicos fazendo xixi na cama vermelha
GRITOS MARAVILHOSOS NA JANELA
política do esquecimento
sistemático estamos na merda gentil
rosto de beterraba & sexos em ruínas
espelho bilíngue minhas esporas & olhos sorridentes
TODOS CHORAM AO MESMO TEMPO
NO BRONZE DA TIRANIA
& COMEM SUAS MENINAS o vento da vida os braços
dependurados maxilares estourados ao amanhecer
TOTEM KAPITALISTA TOTEM KAPITALISTA TOTEM
KAPITALISTA

*

(O MUNDO MUDA A COR DA JABUTICABA MUDA TEU CU MUDA O CHAPÉU DO
VIZINHO MUDA TEU SEXO MUDA O ÍNDIO MUDA HOLDERLIN MUDOU HEGEL
MUDOU TECNÓPOLIS MUDA & MUDAMOS CADA DIA MAIS PARA O PORÃO DA
VIDA COMO RIMBAUD ARTAUD MACUNAÍMA DINO CAMPANA)
o dragão
corre na corveta caraíba as coxas têm febre
eu nem planta nem fantasma o verdadeiro veneno
MODESTA CRIATURA CIDADÃO DE UM MUNDO
EM CHAMAS EU FAÇO ESTA ADVERTÊNCIA:
A PERFEITA MÚSICA ESTÁ NO AÇO
canteiros folhudos cheios de silêncio
espaço cósmico samba-canção do nada

*

MAURÍCIO MAUMAU PASSARINHO MASCADOR DE PIRÃO
& SUAS OGIVAS DE GELEIA onde está tua poesia feita de
sandálias batendo nas bochechas da tarde?
anjo tupiniquim correndo na
curva da praça molhada com sangue dos cometas
PELICANOS EXPODINDO EM TEUS SONHOS &
A MANHÃ QUE LERÁS ISAAC DEUTSCHER
COÇANDO O DEDÃO
teus minúsculos gestos
tua pamonha devorada no meio do mato
teus olhos de amianto dão gritos para o navio pirata
(com lenço na cabeça & punhal entre os dentes
tua alma DELIRA)

*

(MEU AMOR DORME & SE COÇA EM SONHOS SE DEBATE
& GEME SE DEBATE & GEME SE DEBATE & GEME)
antes do almoço sentaremos no para-lama de
um carro & falaremos de empédocles assim os pássaros
carregam suas verdades magníficas no centro do mundo
onde escutamos vozes de motores humanos
EU OUVI SUAS PALAVRAS QUE ARROMBARAM O UNIVERSO
antes da chuva carnívora
antes do transistor canibal

GANIMEDES 76

Teu sorriso
olhinhos como margaridas negras
meu amor navegando na tarde
batidas de pêssego refletindo em teus olhinhos de fuligem
cabelos ouriçados como um pequeno deus de um salão
        rococó
força de um corpo frágil como âncoras
gostei de você eu também
amanhã então às 7
amanhã às 7
tudo começa agora num ritual lento & cercado de gardênias
        de pano
Teu olhar maluco atravessa os relógios as fontes a tarde de
        São Paulo como um desejo espetacular tão dopado
        de coragem
marfim de teu sorriso *nascosto fra orizzonti perduti*
assim te quero: anjo ardente no abraço da Paisagem

ANTINOUS
(movimento de árvores)

são questões
          terça-feira eu prefiro você bem
                              louco
          minha palavra & nada que você acredita
          poderá acontecer: ostras olhos injetados Hegel
    durma com suas violetas do subúrbio
                         a cidade tosse como
                         um índio com febre
São Paulo acorda em suas coxas
                    docemente
   banho quente com vapor
          em espiral flocos de
          samambaias eróticas
assim que você espreguiçar eu estarei
                              sangrando

MEDITAÇÕES DE EMERGÊNCIA 1

a vida é suja meu garoto
o enforcado brinca sob a lua o travesti detido
mija na escuridão
a cratera da miséria aumenta cada dia
os pássaros rosnam
os canalhas dançam nas paredes
eu conheci párias mais doces que churros
eu conheci o braço do amor a fome o nojo
eu conheço Raul Bopp & Tristan Corbière
o rio da poesia passa pelo meu quarto
o barco do amor corre entre os rochedos
da minha cama
o girassol da loucura pisca sua lâmpada
amarela na minha direção
a religião castra o homem que castra
a criança & seus fantasmas
a mulher se masturba com o punhal
todo mundo é virgem menos o mundo
as flores do deserto explodem em alegria
África prepara o batuque das auroras
África prepara as zagaias da poesia
as ruas asfaltadas do fim do mundo
os escorpiões aninhando-se na palma da mão
como nuvens
você que vai me amar neste ano de 1979
cuidado com os inventores de deserto
com a formiga no coração
com as tripas ao vento da tempestade
círculo após círculo

o inferno lisérgico de Dante
vai nos levando ao Paraíso
a paixão da serpente pelo seu veneno
o esporte dos loucos nos canteiros de pálpebras
suas coxas imberbes & longas na minha boca
os pastéis de palmitos meio comidos
a gelatina gigante
meu guaraná da Antártica & Gal Costa na vitrola
minha cama arca de Noé dos animais selvagens
alcova como diria Sade
onde eu escrevo este poema ventríloquo
carregado de eletricidade
carregado com o musgo vermelho dos tombadilhos
carregado com os gemidos da adolescência
alcova onde deslizo com esquis de esperma
as constelações me veem brincar com a
espaçonave do seu corpo
garoto sujo de dor
que ouviu as vozes de metal dos ratos
de um cargueiro
que viu desabarem os corações da Terra
em plena época industrial
quando os comerciais da TV fazem desaparecer
a felicidade

CHIANTI TERNUTA DI MARSANO

La bocca e la parole
son l'arco e la saette the tu hai...
Maquiavel, "Canzone"

Quando alguém atravessa a floresta cai o pano do grande teatro as unhas viram fogo & começa a destruição em nome da Fruta da Paixão suave pele de maracujá gigante vagina amarela dentro do luar a pequena cotia geme no ninho o cardume de piranhas devora as margens do grande rio as sombras da noite de lua iniciam uma nova religião.
A Boiúna & o Dragão de Rosquinhas atravessaram o sistema nervoso transformado em geleia viscosa refeita & carregada de espuma Orgon deitando por terra o chefe da tribo das pequenas hordas. Tigrana preparava o ritual sangrento num altar onde ardiam dez archotes. Dez garotos da tribo seriam castrados em homenagem ao deus Tibério. Tigrana agarrou a tesoura sagrada & começou com um menino de olhos negros & profundos. Seus grãozinhos pularam fora & foram imediatamente devorados por Ferfax, o gato-do-mato que juntamente com a aranha Tarântula Mortis encomendaram uma grande bacia de cauim & se embebedaram.
Pântanos petrolíferos refletiam o olhar parado de Pólen & seus dois amigos:
Lindo Olhar & Onça Humana.
Lindo Olhar quer enlouquecer suavemente.
Onça Humana quer tomar vinho italiano & dançar samba.
Lindo Olhar diz que os vampiros serão mortos esta noite.
Um adolescente ruivo de olhos verdes chamado Entrega em

Profundidade acha que viu um saci galopando um touro. Suas mãos tremem seus lábios idem. Bom dia boa noite lua doente de luz mortiça & inflamada de desespero solar onde passeiam tamanduás flutuantes sussurra Entrega em Profundidade. Coxas Ardentes rói uma azeitona & toma vinho do Porto. Rabo Louco acaricia os mamilos rosados de Entrega em Profundidade. Pólen folheia um tratado sobre esquizofrenia nas costas nuas de Lindo Olhar que se vira às vezes para beijá-lo longamente & mordiscar suas coxas & tomar um gole de Chianti & imitar um pequeno leopardo cheio de mel lambendo com doçura suas longas mãos de mármore brando.

FESTIVAL DE ROCK DA NECESSIDADE

Flor obscena queimando os olhos das cobras com sua pasta fosforescente, abre caminho até estes cabeludos fodidos da vida com seus banjos de alucinação & a menina de olhos cor de laranja canta um rock pesado FAÇA DE MIM O QUE VOCÊ QUISER que pede entre outras coisas que você a deixe NUA BÊBADA NA ESTRADA DAS ILUSÕES sem as fronteiras entre acaso & necessidade.
Pólen comia uma maçã do amor em companhia de Lindo Olhar que acompanhava o ritmo do rock com os dedos batendo na pele do ornitorrinco.
As primeiras fogueiras foram acesas.
Pintou uma roda de samba-chinês-dodecafônico via Ezra Pound & um mulatinho que tocava pandeiro se transformou numa borboleta vermelha com perfumes raros.
Suas asas batiam contra o coração do mundo um navio chamado Aurora foi recebido com 23 tiros de canhão enquanto a garota de olhos cor de laranja gemia no microfone sua balada SEU CORPO ERA MINHA BÚSSOLA APONTANDO A DIREÇÃO
& assim pedia o amparo trágico de algum pirado cretino chapado de encontro a um pinheiro com as mãos meladas de vinho & fumo.
Os manifestos de Lindo Olhar se dirigiam aos cozinheiros aos funileiros às manicures distraídas aos fabricantes de formicida aos garotos no dia posterior ao descabaçamento às rãs & às manifestações do poleiro.
Coxas Ardentes era seu porta-voz & secretário geral do clube Osso & Liberdade.
Rabo Louco era especialista em *blitzkrieg*.

Labios de Cereja organizava as sessões de orgasmo coletivo & crueldades cristalinas.
Entrega em Profundidade se encarregava dos debates & dúvidas metafísicas.

O ANDRÓGINO ANTROPOCÓSMICO

A l'androgyne primordial,
surtout à l'androgyne sphèrique
décrit par Platon,
correspondent, sur le plan
cosmique, l'Ouef cosmogonique
ou le Géant antropocosmique
primordial.
Mircea Eliade, *Méphistophéles et l'androgyne*

escreverei um tratado sobre o amor & o ódio
escreverei um porno-samba na montanha mágica
escreverei minha gula em Coxas Ardentes
esta geleia de garças esta luva de pele de lontra esta curva de tuas ancas
olhas em minha direção & o cachalote do desespero morde tua alma.
Agarrado nas palhoças o inverno bate os dentes das favelas onde o garoto vomitando fezes cai com olhos revirados perto dos ninhos fedorentos da Usura & pare um ser mortal de olhos lilases como as figuras de Modigliani enquanto a chuva se dirige para os limites da Cidade.
O Andrógino Antropocósmico era como um menino na beira de um lago. Atira pedra faz xixi & pede peixinho.
Ele atravessa as florestas durante a noite & ronda as cidades brasileiras fazendo os adolescentes se contorcer em seus morenos travesseiros.
Eu gostaria de fazer a Historia disse Coxas Ardentes a Pólen que mascava uma perna de centopeia.
Você ama o êxtase que conduz à luz transparente submarina

como a alma de um condor na floresta sacrílega aqui &
agora perderemos a cabeça eu gostaria de assassinar o
Andrógino Antropocósmico sem pestanejar & você casaria
comigo então, Pólen?
Coxas Ardentes era implacável.
Coxas Ardentes era uma rajada de metranca erótica.
Coxas Ardentes sabia onde se deve acariciar & como
dormir juntos.
Momento algum você terá
   o momento
eu alimento os deuses
  com pedras & queijadinhas
antes de mim o dilúvio
  depois de mim a vidraça & a pedra-pomes
  você mordisca meu
  pescoço exposto
  no mato espesso
você me ama neste
  chão agreste
antes & depois dos clubes
  fechados onde Hegel entrou
farejou plantou & saiu
  com novos cometas
  dementes & fluídos
  o leitor é um
    puto
  o leitor quer dar
    & tem medo
  o leitor é um hipócrita
    irmão de Baudelaire

BAR CAZZO D'ORO

... la physionomie n'est q'un
assemblage de traits auxquels
nous avous lié des idées...
Condillac

O adolescente estava sentado na mesinha com a maçã encravada no meio. *De l'assassinat consideré comme une das heaux-arts.*
Navios atravessavam sua cabeça-aquarius cabelos negros até os ombros sete braceletes em forma de nuvem no antebraço de marfim.
O relógio que bate as paixões delira.
Logos & Práxis. O adolescente sabe que os anjos estão mortos. Suas coxas latejam de tesão & calma. Girassol louco da manhã no Bar Cazzo D'Oro onde pequenas gotas de chuva servem de mundo ao outono enquanto a cidade desperta seus pardais bêbados de coca-cola cidade de São Paulo 77 um rio coaxando na memória gasolina linear & pedregosa no coração de 200 watts à deriva sem bacantes nas escadas cimentadas de dor & ódio fuligem mística dobrando os joelhos nos telhados onde brincam garotos gulosos de pão com manteiga seus carrinhos de rolimã de sonho mais iconoclasta uma dose excessiva de lindos pés púberes com dedõezinhos encardidos. Ganimedes Antinous mais velozes que o sal do prazer crescendo na bolha do orgasmo mais fundo meus olhos dançam como serpentes fascinadas trovões anunciam uma chuva outonal sempre propiciadora de um suave Paul Desmond com seu sax-alto floreando em staccato meu apartamento com amantes

folheando alguns álbuns de Hieronymus Bosch & Paolo Uccello entre as almofadas de celebração paradisíaca *mon petit* moreno amante da penumbra olhos de onça consagrada corpo de caju sumarento escorrendo seu suco de verão Noite do Panamá eclipse dos anéis de Saturno na colcha mexicana momento do resgate força escorrida entre as coxas & sua boca cor de pitanga rosto onde um deus fez o ninho.

SBORNIA FILAMENTOSA

Moi, ma route me suit. Sans doute
Elle me suivra n'importe où.
Tristan Corbière

Imenso trabalho nos custa a flor
Carlos Drummond de Andrade

O pitecantropo as cidades gregas as doces cobaias
requentadas & comidas nas favelas o divã da histeria
relembrando sonhos tribais fuxico do chefe sandálias
desafiveladas na casa das máquinas o prédio é de Maria-
Mole onde roncam cascavéis humanas minha mão é deus
passo decisivo para *el tránsito del mono al hombre*
miniatura da linguagem ruborizada Macunaíma-Pop
aventais de luxo balançam nos varais de Cobra Norato
Panis angelicus você sabia que Simão o Caolho vem para
jantar? por que não o bispo de Berlim? a cicuta é grátis o
corvo nada entende de política o jaburu como picadinho &
tira a bengala do ar igapós sonham com coalhada a menina
ficou atrapalhada na casa das máquinas tenebroso
impeachment do caos Engels de turbante & *su Dialéctica de*
la Naturaleza (que Pólen leu chapado nas montanhas de
Atibaia) cantando um agente da CIA de chuteiras
cidades de metal precário um quimono para o Príncipe das
Trevas dos ovos saltaram duas anãs obscenas que acenaram
lenços alaranjados & partiram para sempre em direção à
curva de nível. Deus é quimbandeiro.

PORNO-SAMBA PARA O MARQUÊS DE SADE

esta homenagem coincide com a deterioração do Gulag sul-americano minado pela crise de corações & balangandãs econômicos onde se mata de tédio o poeta & de fome o camponês & sobre os pés femininos se calça a bota de chumbo de várias cores gamadas com Hitleres de plantão em cada esquina recoberta de saúvas & amores escancarados como túmulos onde tuas coxas, Marquês, servem de amparo delicado para o garoto que chupa teu pau enquanto uma mulher ruiva te cavalga Assim, anotemos o nome da vítima-orgasmo-blasfêmia antes que as araras entrem na orgia com seus estimulantes bicos recurvos & um estrategema de cipós afague os sóis da desolação quotidiana em nível de Paraíso A noite é nossa Cidadão Marquês, com esporas de gelatina pastéis de esperma & vinhos raros onde saberemos localizar o tremor a sarabanda de cometas o suspiro da carne.

A VIDA ME CARREGA NO AR
COMO UM GIGANTESCO ABUTRE

A verdade dos deuses
carnais como nós & lânguidos
não provém do nada
mas do desejo trovejante do coração
    partido pelo amor
em sua disparada pelo rosto de um
    adolescente
com sua fúria delicada
cruzo avenidas insones & corroídas
    de chuva
minha mão alcança minha dor
    presente
& me preparo para um dia duro
    amargo & pegajoso
a tarde desaba seu azul sobre
    os telhados do mundo
você não veio ao nosso encontro & eu
    morro um pouco & me encontro só
    numa cidade de muros
você talvez não saiba do ritual
    do amor como uma fonte
    a água que corre não correrá
        jamais a mesa até o poente
minha dor é um anjo ferido
    de morte
você é um pequeno deus verde
    & rigoroso
horários de morte cidades cemitérios

a morte é a ordem do dia
a noite vem raptar o que
sobra de um soluço

20 POEMAS COM BRÓCOLIS (FRAGMENTOS)

última locomotiva. gregos de Homero
sonhando dentro do chapéu de palha.
últimas vozes antes dos lábios &
dos cabelos. sonoterapia voraz.
você adora as folhas que caem
no lago escuro
este é o banquete do poeta
sempre
querendo
penetrar
no caroço
da verdade.
nariz de garoto negro apontando para
praça apinhada de tucanos sambistas.
você tranca o planeta

*

roleta de vertigens. orvalho imigrante.
mariscos suspirando na *paella.*
carcarás dormindo na tua alma.
as lágrimas rosnam.
jardins com pitangueiras.
um bilhão de meteoros em férias
& você põe fogo no bar.
maneira brejeira de agradecer
o misto-quente.
(lição de
amor para serpentes)

*

mestre Murilo Mendes tua poesia são
os sapatos de abóboras que eu calço
nestes dias de verão.
negócio de bruxas.
o sol caía na marmita do
adolescente na lavanderia.
você veria isto com
seu olhar silvestre.
um murro bem dado no vitral
que eu mais adoro.

("*Eis a hora propiciatória, augusta,*
A hora de alimentar fantasmas")
Murilo Mendes

*

para o Carlinhos

vou moer teu cérebro. vou retalhar tuas
coxas imberbes & brancas.
vou dilapidar a riqueza de tua
adolescência. vou queimar teus
olhos com ferro em brasa.
vou incinerar teu coração de carne &
de tuas cinzas vou fabricar a
substância enlouquecida das
cartas de amor.
(música de
Bach ao fundo)

*

o cacique tomava chá com seu corpo pintado.
o pajé dançava com a casca do
gambá.
você brincava com meu caralho.
Macunaíma & Alice no país da
Cobra Grande.
mesma estrutura narra-ação &
barroco elétrico pinçando
estilhaços de visões.
palmeira de cobre.
meu cu como bandeira
do navio pirata.
a Lua começa a cantar.

(“*éruptions de joie,*
Qui font rire le Ciel,
muet et ténébreux”)
Baudelaire

*

os expressionistas alemães têm poemas que abrem
brechas na realidade.
Georg Trakl & Gottfried Benn.
o veludo do cérebro + anjos vermelhos com
indicadores enterrados nos corações.
a desordem tem um belo lugar em
suas vidas.
barracudas.

*

o Amazonas espera para transbordar.
essa tragédia vai ser uma beleza.
braseiro
& seu roteiro na rua.
você quer se fechar no quarto
onde eu estou.
a noite ergue a cabeça.
coração de cristal / o vulcão se ilumina.
astro berrando em seu ombro.
corpo rolando neste clima de
lagarto.
o amor é uma ponte de
brinquedo.
ele dança no pescoço da manhã
à noite.

*

só dois monstros na trincheira.
garotos-filósfos de Platão carregam
buquês dos invernos que agonizam.
a cidade ficou louca.
a lua aparece & some na minha mão.
quero ver você sangrar no skate das
ilusões perdidas.
bem na curva do horizonte onde
os demônios fazem
ninhos.

(“*et sa voix sur un luth, voluptueux accents,*
lui soupire en chanson la langue des Persans”)
André Chénier

*

"ci riguardava come suol da ser
guardare uno altro sotto nuova luna"
Dante, Inferno, canto XV, "I sodomiti"

adolescentes violetas na porta do cinema.
Bar Jeca esquina da São João/
Ipiranga.
revoada de revoltados. maravilhosos. jamais capitular
pijamas, família, tv doméstica: a
ordem Kareta se representa
a si mesma.
corpo doce-delicado-quente na manhã alaranjada.
o planeta entra na órbita do
coração.

*

abandonar tudo. conhecer praias. amores novos.
poesia em cascatas floridas com aranhas
azuladas nas samambaias.
todo trabalhador é escravo. toda autoridade
é cômica. fazer da anarquia um
método & modo de vida. estradas.
bocas perfumadas. cervejas tomadas
nos acampamentos. Sonhar Alto.

*

vocês estão cegos graças ao temor
olhares mortos sugando-me o sangue
não serei vossa sobremesa nesta curta
temporada no inferno
eu quero que seus rostos cantem
eu quero que seus corações explodam em
línguas de fogo
meu silêncio é um galope de búfalos
meu amor cometa nômade de
riso indomável
façam seus orifícios cantarem o hino
à estrela da manhã
torres & cabanas onde foi flechado o
arco-íris
eu abandonei o passado a esperança
a memória o vazio da década de 70
sou um navio lançado ao
alto-mar das futuras
combinações

BELLE LEÇON AUX ENFANTS PERDUS

L'homme est donc bien fol...
Villon

garoto amante este musgo te devora

esta sede de omoplatas e cazzos mais doidos
que a capoeira dos deuses

olhaqui! o tambor gira 2 vezes e lambe as coxas que se vão

para a Freguesia do Ó às 18:30 / 4/80

vida é isso! Apaixonar-se e escolher

senão o tempo passa e você não avança

Mate a mãe

Mate o pai

Mate a sombra deles todos

BAR JECA

qualquer coisa de Virgílio na alma daquele
          garoto
o formose puer, nimium ne crede colori
mascando minha macaúva incrementada
sonhos sonhados de sanhaços
chicle de bola de uma religião
          qualquer
ruas como rédeas nas minhas luvas
dirijo tudo para o atleta-feiticeiro
deus-porco com tetas de fora
além do trem & do varal
o formose puer, nimium ne crede colori
qualquer coisa de Virgílio na alma daquele
          garoto

POEMA ELÉTRICO DO CU

músculo de veludo na boca de todos os feirantes
torpedeiros   meninas de internato
negociantes   padeiros   farofeiros
torcidas   exércitos de humanocultura
onde você habita alucinante como
promessa derradeira
cu boquiaberta entrada franca dos demônios
pesadelo dos adolescentes   fogueira da
solteirona em férias   árvore genealógica
da Cloca Mater onde foi chocado
o ovo humano numa temperatura
de 300 sóis
cu   fonte de energia kundalini   hóstia dos
grandes libertinos   fornalha dos
cocainômanos   boca azulada da
verdade corpórea diagramada no
infinito do desejo   cu grande iniciador
de tempestades amorosas   vertigem verdadeira
onde os amantes deslizam
cu   vaporizador da Idade Média do corpo
onda bioenergética de metais coloridos
omoplatas carregadas de hidrogênio
leopardos alucinados de tanto veludo
cu de cabelos   negros   loiros   ruivos   castanhos
cipoal de intrigas   onde o caralho
se perde   se desnorteia   desmaia de gozo
na contração do espasmo da alegria erótica
cu selvagem assaltante noturno   diurno   trombadinha
espadachim das estradas   que levam

ao Grande Precipício anunciador de Paixões
cu das penugens suaves & sumarentas   flor carnívora
labareda policiada pela civilização
ave louca   solitária   perdida   bêbada
amorosa
cu proletário do corpo   grande escorpião revoltado
teu voo de liberdade começa a acontecer

VERÃO

Relendo Virgílio num ônibus da
          Cometa
rumo aos litorais bucólicos com
          discos-voadores experimentados
          faço o mundo sangrar no para-brisa
Corydon enfeitando o coração
          antes de ler Notícias Populares
          acariciado nas coxas por
          algum Alex distraído
Festejo Iemanjá de Cumae
batendo cabeça no altar de Mecenas
          ressuscitado
que vai pagar drinks
          pro poeta

QUEIMA SUPERMERCADO, QUEIMA

para os garotos da FEBEM

eles estavam estirados na grama recobertos
de samambaias
eles estavam lá no meio do tambor do dia
com exus adolescentes cantando em suas
orelhas
& sexos em semi-ereção confundidos com
caules tenros
eles se abriam ao sol com olhos semicerrados
& sangue acorrentado
eles repartiam as facas da luz
lascas de tesão fios de náilon do orvalho
& ninhos de andorinha
corações em tumulto estrelas futuristas do
cometa da anarquia

DÓI MAS VOCÊ GOZA

Eu, Roberto Piva, Poeta espacial-luxuriante, me equilibro
na glande do deus Priapo. Verão como tremo ardendo
inverno. Nunca mais levei a sério
nada a não ser os corpos. E os deuses dos corpos.
O corpo confere perfeição,
não é mesmo W. B. Yeats? Voltei às paixões da adolescência:
Virgílio, Baudelaire, Dante, Pessoa, Catulo, Cravan,
Stockhausen, Artaud, Nietzsche, Ferenczi, Heliogabalo,
Lautréamont, Johnny Alf, Elvis, Michaux, Platão
(que comecei a ler aos 14 anos), Walter Pater & Machiavelli.
Abandonei definitivamente o Ocidente-Oriente
com seus socialismos-fascismos, que florescem
nos confessionários do tempo do deus Kareta.
Meu deus de cabeceira é Dionísio. Minha missão
é a Confusão & Paixão. Sem elas estaríamos de uniforminho
azul adorando a cueca de tafetá do funcionário Mao.
Ritos da confusão. Festas da paixão alucinógena. François
Villon só me aparece nos mictórios. Dante & seu disco
voador de luz neon. Crevel, Artaud & Reverdy me olham
da parede invisível no quarto-barricada onde durmo.
Jarry, Picabia & todos os boys. Relendo Vico outro dia,
percebi que meu amigo Roberto Bicelli estava certo: eu
também quero ver frango ciscando na avenida São João.
Oswald, Sade, Novalis, Pasolini, Swift, Vico, Pessoa,
Reverdy, bom-dia! Deus Hölderlin, faça de mim
o bumerangue de todas as paixões!

São Paulo, 13 de fevereiro de 1982

O PRÓPRIO BODIDARMA RESPONDEU

> *No meio do estritamente sereno,*
> *nada de questões ociosas*
> Yoka Daichi, *Shodoka*

Só acredito na geleia genital / ânus solar / azeitona com pimenta & vinho rosé / batuque malandro na circuferência da cintura / âmbar & basalto eternizados / ânforas de rubis / sono entre os braços do menino que deixa bêbado de Sonho / arca do espírito / polias polissêmicas / cachaça com angu / fontes minerais & totais / Artaud & Bruno & Trakl / fila de meteoros assuntados / veludo dos motores azeitados / minha flor em 15 dialetos / noite nos meandros da rosa / Bestione / minha mão vacila / alguém ficou mais ao norte de mim mesmo

BEIJA-FLOR BADULAQUE

nu & feéricos / olho no gatilho meia-lua / nado esta manhã a favor da correnteza / à deriva / no miolo do furacão / eu era uma Sibila entre os gonzos da linguagem / Samba-Vírus / exus nanicos carregando cabeças de pedra da Lua no portal do meu ouvido / cruzamento das avenidas assassinato & 69 / garoto-pombinha no balcão da lanchonete / esperando o pernilongo da Morte / estrelas rachadas gotejam leite dos deuses / é com este que eu vou sambar até a Pradaria Kamikase / no trecho Belém-Brasília da Teogonia / Verlaine aparece debaixo do tapete / chá para dois / absinto para dois / Rimbaud para dois / Gerry Mulligan para um / circo místico do coração-travesti de Jorge de Lima / boiada estourada sem controle rumo ao estômago de Xangô / babando arco-íris radioativo / sol na brecha / na fresta / na festa / confetes de cocaína nos salões da Madame Ming / relâmpagos acompanharam a Visão.

ALGUMA COISA EM SATURNO QUE NÃO CONHEÇO

Filippo Tommaso Marinetti era uma rã no aeroplano / todo de alumínio Zung Tumb / minha morte gula do céu azul / meu amor buldogue de pólvora / garoa de moedas / matinês no corpo do garoto nu / punk-torrada / meu massacre preferido / rosas-chá na belle époque / pra ter visões bastava ligar teu cu na tomada / bacio del fanciullo elétrico / Jorginho Jane Birkin / 16 anos & 3 de crime / tártaros na pradaria / anarquistas de Bonnot esperando a Guilhotina / Mailove / Wittgenstein coberto de pétalas radioativas / trilhões de sabonetes de tocaia / cabelos cacheados do Exu Erva-Doce / anjos de pipoca / eu peneirava tudo: da estrela do mar até a língua do panamenho / coração de Urânio Puro / só na moita / veleiro tecnicolor sob os ventos da Paixão / cultivando rosas na tua boca / Verbenas.

JORGE DE LIMA + WILLIAM BLAKE + TOM JOBIM. DANTE OBSERVA

Papè Satan, papè Satan aleppe / Stradivus cordis meus / formavulva falastros / ripus Nicomedis / fla-flu Kricotomba / cantus Servillus / Baudelaire-Maxixe / fontana efó luzes pardoin / farofa extravivax vox voluptas / moqueca / cachimbando cullus puer / Monte Branco belladona / Montagu / Pasolini-panqueca / formas tuas em natura / pour toi / Plebiscito Bakunin sin nombre ni sustancia / tus pecados / dans le salon de danse / Mon gosse Lewis Carroll / suchiando le bambine / na calçada / na porta do hospício / eu você nós dois aqui neste bagaço / à beira-mar / Curiango / tiger / milhafres / sai de baixo.

A COREIA É NA ESQUINA

Assim não dá meu tesão
eu começo a sonhar com você todas as tardes
& você lá em Santos
comendo amendoim
vendo anjos nas cebolas do mercado
navios entram & saem do porto polidos
eu corto as veias & rego meu queijo-minas
você me ama eu sei & me envaideço
amoras jorram a beleza anarquista de suas
        coxas molhadas
o peixe-espada pode lhe declarar amor
eu penso nestas ilhas perfumadas
mas o caminho de volta eu só conto
a este urubu em carne viva
que grasna na sacada.

CLIENTE DA MUCOSA

Exu comeu Tarubá & você nunca
foi a Paramaribo
quando garoto eu me impressionei
com o estudo de Lawrence sobre
Edgar Allan Poe
nunca mais esqueci
assim como não esqueci Ferreira da
Silva & nossas leituras de
Sein und Zeit
hoje eu posso me virar do avesso, amor
como o escorpião que injeta no
seu braço
leites vindouros não jorrados
doce choque na porta de suas tripas
o suor é amigo & concubina
neste sol maluco que azucrina
& me faz levitar amando as
estrelas derrubadas.

BATUQUE III

Diadorim versus vulgaridade / estrepolias nas estrelas / matagal de Charles Cros / travesti de 16 anos fazendo piruetas na melodia / nenúfar / córrego que voa / rio que decola / Pero sus ojos eram negros / como quien mira a una playa (Lezama) / caçapa do meio bola azul / Artaud & Pavese para os íntimos / Mallarmé & sua queijadinha de relâmpagos / maloca / mico preto / poeira de pinguim / no inverno costumava escravizar suas ancas douradas / nos mictórios & nas garagens / gafieira de abismos volumosos / esperma de aço / ilhas de Marajó ectoplásmicas / Samba turbulento samba de luminosa escuridão de Osíris / pele acetinada do samba / lojas & suas línguas desertas / amendoins de puro êxtase / vórtex Madame Demônia / forró nuclear / locomotivas na sequência do sonho / Aqui Sol & Lua / Mar & Floresta / sou eu mesmo Amor sou eu mesmo.

MANIFESTO UTÓPICO-ECOLÓGICO EM DEFESA DA POESIA & DO DELÍRIO

INVOCAÇÃO

Ao Grande deus Dagon de olhos de fogo/
ao deus da vegetação Dionísio;
ao deus Puer, que hipnotiza o Universo
com seu ânus de diamante
ao deus Escorpião atravessando a cabeça do Anjo;
ao deus Lúper, que desafiou as galáxias roedoras;
a Baal, deus da pedra negra;
a Xangô, deus-caralho fecundador da Tempestade.

Eu defendo o direito de todo ser Humano ao Pão & à
Poesia
estamos sendo destruídos em nosso núcleo biológico,
nosso espaço vital & dos animais está reduzido a
proporções ínfimas
quero dizer que o torniquete da civilização está
provocando dor no corpo & baba histérica
o delírio foi afastado da Teoria do Conhecimento
& nossas escolas estão atrasadas pelo menos cem anos
em relação às últimas descobertas científicas no
campo da física, biologia, astronomia, linguagem,
pesquisa espacial, religião, ecologia,
poesia cósmica etc.,
provocando abandono das escolas pelas crianças, que
percebem que o professor não tem nada a
transmitir,
imobilizando nossas escolas no vício de linguagem &
perda de tempo

em currículos de adestramento, onde nunca ninguém vai
estudar Einstein, Gerard de Nerval, Nietzsche,
Gilberto Freyre, J. Rostand, Fourier,
W. Heinsenberg, Paul Goodman, Virgílio, Murilo
Mendes, Max Born, Sousândrade, Hynek, G. Benn,
Barthes, Robert Sheckley, Rimbaud, Raymond
Roussel, Leopardi, Trakl, Rajneesh, Catulo, Crevel,
São Francisco, Vico, Darwin, Blake, Blavatsky,
Krucënych, Joyce, Reverdy, Villon, Novalis,
Marinetti, Heidegger & Jacob Boehme
& por essa razão a escola se coagulou em Galinheiro
onde se chocam a histeria, o torcicolo & a repressão
sexual
não existindo mais saída a não ser fechá-la &
transformá-la em Cinema onde crianças &
adolescentes sigam de novo as pegadas da
Fantasia com muita bolinação no escuro.
Os partidos políticos brasileiros não têm nenhuma
preocupação em trazer a UTOPIA para o cotidiano.
Por isso, em nome da saúde mental das novas gerações
eu reivindico o seguinte:
1 _ Transformar a praça da Sé em horta coletiva & pública.
2 _ Distribuir obras de poetas brasileiros entre os
garotos(as) da Febem, únicos(as) capazes de
transformar a violência & angústia de suas almas
em música das esferas
3 _ Saunas para o povo.
4 _ Construção urgente de mictórios públicos (existem
pouquíssimos, o que prova que nossos políticos
nunca andam a pé) & espelhos.
5 _ Fazer da Onça (pintada, preta & suçuarana) o
Totem da nacionalidade. Organizar grupos de

proteção à Onça em seu habitat natural. Devolver as onças que vivem trancadas em zoológicos às florestas. Abertura de inscrições para voluntários que queiram se comunicar telepaticamente com as onças para sabermos de suas reais dificuldades. Dessa maneira as onças poderiam passar uma temporada de 2 semanas entre os homens & nesse período poderiam servir de guias & professores na orientação das crianças cegas.

6 _ Criação de uma política eficiente & com grande informação ao público em relação aos Discos Voadores. Formação de grupos de contato & troca de informação. Facilitar relações eróticas entre terrestres & tripulantes de óvnis.

7 _ Nova orientação dos neurônios por meio da Gastronomia Combinada & da Respiração.

8 _ Distribuição de manuais entre sexólogas(os) explicando por que o coito anal derruba o Kapital.

9 _ Banquetes oferecidos à população pela Federação das Indústrias.

10 _ Provocar o surgimento da Bossa-Nova Metafísica & do Porno-Samba.

O Estado mantém as pessoas ocupadas o tempo integral para que elas NÃO pensem eroticamente, poeticamente, libertariamente. Novalis, o poeta do romantismo alemão que contemplou a Flor Azul, afirmou: "Quem é muito velho para delirar evite reuniões juvenis. Agora é tempo de saturnais literárias. Quanto mais variada a vida tanto melhor.

Assino e dou fé,
Roberto Piva, SP 1983, Hora Cósmica do Tigre

O SÉCULO XXI ME DARÁ RAZÃO (SE TUDO NÃO EXPLODIR ANTES)

O século XXI me dará razão, por abandonar na linguagem & na ação a civilização cristã oriental & ocidental com sua tecnologia de extermínio & ferro-velho, seus computadores de controle, sua moral, seus poetas babosos, seu câncer que-ninguém-descobre-a-causa, seus foguetes nucleares caralhudos, sua explosão demográfica, seus legumes envenenados, seu sindicato policial do crime, seus ministros gângsteres, seus gângsteres ministros, seus partidos de esquerda fascistas, suas mulheres navios-escola, suas fardas vitoriosas, seus cassetetes eletrônicos, sua gripe espanhola, sua ordem unida, sua epidemia suicida, seus literatos sedentários, seus leões-de-chácara da cultura, seus pró-Cuba, anti-Cuba, seus capachos do PC, seus bidês da direita, seus cérebros de água choca, suas mumunhas sempiternas, suas xícaras de chá, seus manuais de estética, sua aldeia global, seu rebanho-que-saca, suas gaiolas, seus jardinzinhos com vidro fumê, seus sonhos paralíticos de televisão, suas cocotas, seus rios cheios de latas de sardinha, suas preces, suas panquecas recheadas com desgosto, suas últimas esperanças, suas tripas, seu luar de agosto, seus chatos, suas cidades embalsamadas, sua tristeza, seus cretinos sorridentes, sua lepra, sua jaula, sua estricnina, seus mares de lama, seus mananciais de desespero.

Roberto Piva
fevereiro 1984
Hora Cósmica do Búfalo

MANIFESTO DA SELVA MAIS PRÓXIMA

... abolição de toda convicção que
dure mais que um estado de espírito
Álvaro de Campos

Para Henri Michaux,
in memoriam

Os produtos químicos, a indústria farmacêutica & os miasmas roerão teus ossos até a medula / cadáver rico em vitaminas / rodopios no rio da indústria / burocratas ideológicos morrendo de rir / marxistas que depois que arrancaram a próstata tomaram o poder / vastos desertos no Cérebro / políticos estatísticas câncer no rosto vazio das avenidas da Noite / Mulheres agarrando garotos selvagens para enquadrá-los no Bom Caminho / assobios & fome do verdadeiro caralho fumegante / Robert Graves, Brillat-Savarin & o refrão dos meus desejos / Feiticeira Ecológica no Liquidificador Minotauro / hortaliças incineradas por mercúrio / botinadas da KGB & canções lancinantes / Tempo no osso / Televisão / Centauros na rota da Revolta / Estrelas penduradas na fuligem / Catecismo da Perseverança Industrial / Os governos existem pra te deixar com esse ar de cachorro batido / Os governos existem pra você pensar em política & esquecer o Tesão / Batuque Nuclear Anjo-Fornalha / poesia urbano-industrial em novo ritmo / Cidade esgotada na feiúra pré-Colapso / recriar novas tribos / renunciar aos trilhos / novos mapas da realidade / roteiro erótico roteiro poético / Horácio & Lester Young / Tribos de garotos nas selvas / tambores chamando pra Orgia / fogueiras & plantas afrodisíacas / Abandonar as cidades / rumo às praias salpicadas de esqueletos de Monstros / rumo aos horizontes bêbados como anjos fora da rota / Terra minha irmã / entraremos na chuva que faz inclinar à nossa paisagem os Guaimbés / Deliquência sagrada dos que vivem situações-limite / É do Caos, da Anarquia social que nasce a luz enlouquecida da Poesia / Criar novas religiões, novas formas físicas, novos anti-sistemas políticos, novas formas de vida / Ir à deriva no rio da Existência.

Roberto Piva
SP outubro 1984
Hora Cósmica da Águia

MENINO CURANDERO
(POEMA CORIBÂNTICO)

I

C'est l'heure des mauvais garçons
l'heure des mauvais voyous
René Crevel

os meninos curanderos
se vestem de anjos nos Canaviais
resgatam Eros nas ruas
das cidades-sucata
nos ritos da magia do Amor
& bebem Morte numa
taça de Crânio

II

O anel solar é um ânus intacto do seu corpo
adolescente, e nada há tão ofuscante que
se lhe possa comparar; a não ser o Sol,
e apesar de ter um ânus que é a noite.
Geeorges Bataille

René Crevel menino vidente
bebeu morte num pedaço
de lua em chamas
coração que perdeu o céu
garoto americano que te encoxava
dança agora no infinito

de um armário aberto
sunguinhas de galalite da
cor do arco-íris
buca surrealista pronunciando
o verbo de fogo
& estas luzes sem passagem
no presente
estas ruas mortas onde
não se ressuscita o Vento
permanente falha mecânica
na civilização que perdeu
o Maravilhoso
é a janela vermelho do
Ocidente onde grita
o Anjo
entre coxas dos marinheiros
tremem meninos
das ilhas
paisagem pós-nuclear onde
a flor negra atravessa
a sombra

III

Je tuerai les rôdeurs
silencieux danseur de la nuito
René Crevel

um corpo lunar penetro no
quarto saído do mar
noite imemorial onde jogam
os elementos

é gavião, é o menino curandero
        & tem mil anos
sua dança celebra o mundo
sua risada corta a Ilha
        em dois pedaços
rosa de névoa entre os
        espectros
corpo de garoto por onde
        passa o Império Romano
sangue onde navegam piratas,
        estrelas turvas, bosques,
        telescópios

IV

encontro com Satã no verão
uma bolinada uma aliança
ele pede um daiquiri
ele pede uma locomotiva negra
        que mergulha no Sul
menino curandero de albornoz
        azul
rodeado de espelhos de alta
        Bruxaria

V

Il m'apparut que l'homme est plein de dieux
como un éponge immergée en plein ciel.
L. Aragon, Le paysan de Paris

come o teu cogumelo
no coração do sagrado
fazendo sinais arcaicos
procura entre praias, montanhas
        & mangues
a mutação das formas
sonha o mundo num só tempo
o cogumelo mostrará o caminho
só o predestinado fala
a luz lilás do cogumelo
levará ao rio das imagens
Sombras dança neste Incêndio

VI

Viva resta la dolce
persuasione di una fitta
rete d'amore ad
inquietare il mondo.
Sandro Penna

rico de asas
o menino xamã
incorpora o gavião
escuta a luz do monte
fica nu & deita impassível na Terra

é dele o tambor feito de Tíbias
& a estrela mais límpida na
cabeça

VII

Le soleil et ton coeur
sont de même matière
Pierre Reverdy

o grande reflexo lilás caminha
creme de anjos
flor ameaçadora da manhã
vento varrendo a paisagem
no momento sou um deus devasso
no parapeito frágil do destino
a névoa que me carrega é horizontal

Ilha Comprida, 1993

VII CANTOS XAMÂNICOS

Loose desire!
We naked cry to you
– Do what you please.
William Carlos Williams

I

canoa do Amazonas
no olho-peiote
no céu à queima-roupa
domina a vegetação & agricultura
ama a astronomia
& os vampiros em ziguezague
hosana incandescente / flor crispada / anjo
selvagem
jaguar sentado na ametista
& o pássaro caçula do sonho
bem próximo da morte

II

monstro de puro amor
curare
estilo cerâmico de Nazaratequi
pandemônio de Zeus
Eros atravessando
o tímpano com um 38
gavião de arame farpado
núcleo do veneno cruel

III

garoto Crevel
garoto inferno
banhado no verde claro
da manhã tropical
bons músculos poéticos
garoto Nerval
caralho azul de enforcado
na dobra da noite

IV

o cogumelo é calmo
& a natureza insegura
meninos envoltos
em lágrimas & suor
Hermes
na goela
do império dos mortos

V

morangos silvestres
racham-se ao sol dos marimbondos
velas forçam o mar
& desaparecem
na planície da loucura
a paixão agitou
as samambaias
de janeiro

VI

garoto índio meu amor
por três noites o incêndio
bagunçou o coração das medusas
sementes & raízes
onde as ilhas
erguem suas brasas

VII

constelação de peixes rápidos: amor
o mar
que Homero
poetizou
em tecnicolor
o vinho desata
minha mão lagunar
no instinto astronauta
da espécie

Ilha Comprida, 1986

A OITAVA ENERGIA

Para Malcolm de Chazal & sua poesia
oscilatória; para Raymond Abéllio,
Câmara Cascudo, Mircea Eliade,
Julius Evola & a tradição iniciática

Que você conheça
a estrela da loucura
Na sua verde boca animal.
A paisagem mineral
rói o olho do peregrino
que procura seu Deus com chifres
Amo os garotos que cospem o sangue
        das amoras
pelos lugares ermos, praias habitadas
        por escamas de peixe, montanhas
        & matas onde o anjo é um pau
        duro no poente
Que você conheça o relâmpago
        chamado mundo sombrio
Estremecendo na folha do seu
        coração
Que você conheça este relógio sem nuvens
        chamado morte
dependurado no planeta
como volúpia secreta
Que você conheça manguezais
        & realidades não-humanas
        que são a essência da Poesia

Que você conheça o sussuro do Sol
Na água ferroginosa dos seus olhos.

Praia Grande, 1995

RITUAL DOS QUATRO VENTOS & DOS QUATRO GAVIÕES

para Marco Antônio de Ossain

Eu trago comigo os guardiães
dos Círculos Celestes.
Livro dos Mortos do antigo Egito

Ali onde o gavião do Norte resplandece
        sua sombra
Ali onde a aventura conserva os cascos
        do vodu da aurora
Ali onde o arco-íris da linguagem está
        carregado de vinho subterrâneo
Ali onde os orixás dançam na velocidade
        dos puros vegetais
Revoada das pedras do rio
Olhos no circuito da Ursa Maior
        na investida louca
Olhos de metabolismo floral
Almofadas de floresta
Focinho silencioso da suçuarana com
        passos de sabotagem
Carne rica de Exu nas couraças da noite
Gavião-preto do oeste na tempestade sagrada
Incendiando seu crânio no frenesi dos açucenas
Bate o tambor
        no ritmo dos sonhos espantosos
        no ritmo dos naufrágios

no ritmo dos adolescentes
à porta dos hospícios
no ritmo do rebanho de atabaques
Bate o tambor
no ritmo das oferendas sepulcrais
no ritmo da levitação alquímica
no ritmo da paranoia de Júpiter
Caciques orgiásticos do tambor
com seu Skate-gavião
Tambor na virada do século Ganimedes
Iemanjá com seus cabelos de espuma

São Paulo, out/1994

POEMA VERTIGEM

Eu sou a viagem de ácido
nos barcos da noite
Eu sou o garoto que se masturba
na montanha
Eu sou tecno pagão
Eu sou Reich, Ferenczi & Jung
Eu sou o Eterno Retorno
Eu sou o espaço cibernético
Eu sou a floresta virgem
das garotas convulsivas
Eu sou o disco-voador tatuado
Eu sou o garoto e a garota
Casa Grande & Senzala
Eu sou a orgia com o
garoto loiro e sua namorada
de vagina colorida
(ele vestia a calcinha dela
& dançava feito Shiva
no meu corpo)
Eu sou o nômade do Orgônio
Eu sou a Ilha de Veludo
Eu sou a Invenção de Orfeu
Eu sou os olhos dos pescadores
Eu sou o Tambor do Xamã
(& o Xamã coberto
de peles e andrógino)
Eu sou o beijo de Urânio de Al Capone

Eu sou uma metralhadora
              estado de graça
Eu sou a pomba-gira do Absoluto

Ilha Comprida, 1991

... este paraíso é de víboras azuis.
Herberto Helder

Este paraíso é assim:
repleto de raças respiratórias.
Nuvens, periquitos, uvas negras
à beira do deboche.

Este paraíso é assim:
relâmpagos & doces de leite,
punhal escapando da bainha
de vértebras.
Menino-acauã dançando
ao sol estrangeiro.

Este paraíso é assim:
folhas de mamona, submarinos
viajando no próprio sangue.
Leveza. Flores frenéticas.
Batuque sussurrando: também eu
atravessei o inferno.

MANIFESTO DA POESIA XAMÂNICA & BIOALQUÍMICA

1. O mundo são lugares de poder
2. Sacralização xamânica do cotidiano
3. Perspectivas biorregionais
4. Selvagem & Sagrado
5. Gaviões são divindades solares portadoras do poder
6. Hórus-Falcão rei das duas terras
7. Ecologia da linguagem
8. Estados alterados da consciência
9. O Gavião fala por nossa boca
10. Xamã: sacerdote-poeta inspirado que em transe extático percorre o inframundo, florestas, mares, montanhas & sobre aos céus em "viagens"
Dante foi um xamã-cabalista que conheceu em sua viagem pelos três mundos os orixás travessos da Sombra
11. O olho divino do Gavião se transforma em plantas fluorescentes
12. ÍSIS. Virgem Negra, mãe de Hórus
13. O Gavião plana acima das metrópolis-necrópolis
14. Divindade dos limites do Horizonte
15. "A orgia faz circular a energia Vital & Sagrada"
Mircea Eliade
16. "A marginalidade é formada por aqueles que estão out – aqueles que não têm acesso ao poder estabelecido involuntariamente por miséria, ou voluntariamente por escolha estético-religiosa", Timothy Leary
17. Deixe a Visão chegar
18. É a hora da despedida dos deuses do deserto & chegada dos deuses da vegetação

19. Conspiração sagrada dos terráqueos anônimos & guerreiros de Zuwya
20. Estado de conhecimento sensorial
21. "Dirige as flechas da voz dos jovens para celebrar o gozo desta terra", Píndaro.
22. Ilha subterrânea do Gavião. Livro Egípcio dos Mortos. Bardo Todol. Orixás & vida quântica. O caminho do xamã é o caminho do Coração.

AS ASAS COM CAUSAS

consultei o carcará caolho da
verdade
assunto: carne humana
11 de junho de 1289:
batalha de Campaldino
Girolamo Piva, cavalier ghibellino,
teria comido carne humana?
professores universotários & sua
antropofagia vegetariana
apavorados peidam no escuro

São Paulo, 1998

ESTRANHOS SINAIS DE SATURNO

para Claudio Willer
& Antonio Fernando de Franceschi

1

o fundo do corredor
cheio de ursos mal-assombrados
garoto porco
garota porca
observam o
porco das sombras
transformando no monstro da mídia
os sete sanduíches capitais
o menino estufado de macaco
drruba o disco voador
com um nocaute elétrico
no extremo norte da Terra
no festival anual de Sacis
na feira de cerveja Paracelso
na República de Salò
o ditirambo canta na escada
você disse que o brasão dele é
um cisne
onde o Inferno está amarrado
onde o Paraíso voa com a Lua
nos trenós de arroz-doce
no castelo hipnótico de Luís II da Baviera

2

os imperadores romanos encenaram
a crueldade surrealista
no Teatro Colossal do Coliseu
as feras dançavam no submarino
            da religião Pagã
até o último suspiro do lobo da estepe
quando a noite levava os adolescentes
            pra cama dos gladiadores
o formigão eletrônico & o Apito selvagem
trocdaram de roupa & de farofa
& fizeram
Ebó pra Hermes
no calafrio da palhoça

3

Sou o poeta **na** cidade
Não **da** cidade
gosto das extensões azuladas das
            últimas montanhas
contemplar nas estradas de topázio
o anzol das constelações

4

a vítrea libação das páginas de poesia
ilumina as escadas do êxtase
no corrimão afrodisíaco
onde você aparece com sua tatuagem
de dragão de olhos azuis

no esplendor do cerrado
no aluvião de ossos humanos
gavião real de coração partido
no soluço da tempestade de alvéolos
asas de borracha
penas incrustadas no jardim
Orcas sorridentes no alado vermelho

UMA DIMENSÃO EXTREMA

Assemelha-te de novo à tua árvore querida,
a árvore de ampla ramagem, que escuta
silenciosa suspensa sobre o mar
Nietzsche, *Zaratustra*

1 Guapuruvu

L'ombre que nous avons laissée
sous l'arbre et qui s'ennuie
Pierre Reverdy

Saltando na pista mágica dos
            teus ramos
o xamã-pássaro bebe toda Luz
vento gelado do urso do Norte
vento-fogo do Leste
com sua coroa de joias
crepitando tremores

2 Jurema Preta

Sou aluno
            das árvores
alma elétrica
            nas veredas mais
                        secretas
Catimbó sonâmbulo
            & seus palácios

meu crânio virando brasas
desfolhando meu coração
mananciais transfigurados
          na
          memória

3 Grumixama

para Gustavo

Eu vejo o dragão
          da energia
no meio do mundo
lagarto violeta do prazer
          igual ao Sol & à Noite
anjos sonâmbulos com esporas
          deslizam na escuridão

4 Espinheira Santa

planta de cabeceira
          da Deusa
substância
          do tempo
                    & suas cores
ritos lunares
epifanias da seiva
ensinou meu coração a fica
          em estado de Raio
só sabemos quem somos

        depois de você
                  se mover

5 Ipê Roxo

  mão invisível
    percorrendo meu sangue
a nuvem respira
                no acumulador de orgônio
o dia às vezes
                é verde
    nas ruas nas flores
                  nos lagos
                        de
                        sonhos novos

6 Pau-ferro

Todos os dedos do Sol
nas asas do gavião-peneira
que anjo ou deva pirado assombrou
        a folhagem da sua alma?
a nuvem marcha
o sanhaço lambe o vento no
        corrimão do Mundo
céu esculhambado
licor de aurora boreal
sonho ofegante da árvore-cinema

ENTREVISTA COM ROBERTO PIVA

por Sergio Cohn, Danilo Monteiro e Pedro Cesarino

Jd. Botânico, São Paulo, 2006

Piva, estamos aqui, no Jardim Botânico de São Paulo, e pensei sobre a "membrana verde do espaço", do Lautréamont, que você tanto gosta. A poesia se encontra sempre em lugares outros, que não no cotidiano urbano?

A poesia é a única forma de vivência que envolve todos os elementos que existem: a terra, o ar, o fogo, a água, o céu, as estrelas, as nuvens. É uma forma de reenergizar o planeta. A cidade perdeu energia. Na década de 1960, São Paulo ainda tinha futebol de várzea, os garotos tinham aqueles rostos dourados rurais. Agora isso se perdeu. A gíria criativa dos subúrbios virou grunhido. E os garotos do subúrbio só querem uma moto, para colocar na garupa a indefectível garota ornamental.

A cidade virou um lugar de trânsito e não de habitação.

Exatamente. É uma sociedade de massa. Como os fascistas, como os stalinistas. As duas primeiras tentativas de organizar a sociedade de massa, que foram o fascismo e o comunismo, não deram certo. Temos que descobrir novas formas de relacionamento com o planeta.

Você sempre ressaltou que onde os predadores estão sumindo, os meio ambientes estão completamente degradados.

Sim. Existe todo um ecossistema vertical que envolve o equilíbrio da natureza. Onde não existem os grandes predadores, onde não existem onças, as capivaras e os catetos viram pragas. E é isso que não entendem as pessoas que cuidam das florestas. A explosão demográfica, em todos os sentidos, não só no sentido humano, é o pior inimigo para a sobrevivência dos ecossistemas e do planeta.

E como conter isso?

Qual a diferença entre o Brasil e a Noruega em matéria de educação? É que já faz cem anos que a Noruega tem cinco milhões de habitantes. Isso é a população de um bairro de São Paulo. A população não pode mais aumentar como acontece nos países chamados de terceiro mundo. Eu não gosto desse termo, que foi criado por um economista reacionário chamado Gunnar Myrdal. Esse papo de terceiro mundo... O planeta inteiro é subdesenvolvido, é terceiro mundo perto da tecnologia extraterrestre, dos discos voadores.

E na verdade resta a questão de até onde nós queremos nos desenvolver...

É. Eu já estou pregando o retrocesso sustentado! (risos)

Tem aquela frase do Stuart Mill: "o mundo tem que aprender a parar de crescer e ser feliz"...

Concordo totalmente. E ele disse no século XIX. Naquela época, quem estava atento já sabia de tudo...

Você citou os garotos com rostos dourados rurais. A fazenda do seu pai, o convívio rural, foram muito importantes para você, não?

Ah, para mim foi. A minha formação, costumo dizer sempre, foi futebol, troca-troca, Hegel e as matas do interior de São Paulo. E o gibi, que é uma coisa importantíssima. Antes não tinha televisão. A gente assistia os seriados do Sombra, do Tarzan, do Vingador, tudo pelo rádio. A minha formação foi isso. A maioria das pessoas matava o cinema para ir para a escola, eu matava as aulas para ir para o cinema...

Num manifesto da década de 1980, você dizia que as crianças tinham que largar as aulas para irem para o cinema bolinar no escuro. Existem formas de criar uma educação não-normativa hoje?

É difícil, com essa codificação de novos comportamentos. Precisamos perguntar quem é que vai ser excluído dentro desse novo programa. Eu duvido, por exemplo, que quando se fala em namorar nas escolas, se incluam os garotos e as garotas homossexuais...

Mas hoje a cultura homossexual mudou muito, não?

Mudou. Foi incorporada pela televisão e caricaturada. Virou uma coisa caricata, onde só um estilo de homossexualismo sobrepuja todos os outros.

Um estilo consumista.

É. Um estilo consumista, medíocre, da bicha inconsequente.

E uma vez você falou que uma coisa que lhe atraía no homossexualismo era a marginalidade que ele obrigava.

Pois é. Isso faz parte do conceito de tribo. Uma tribo que não tinha lugar no espaço da assim chamada normalidade.

E o Max Stirner? Ele foi um grande opositor dessa normatização, não?

Eu gosto muito do pensamento do Stirner. Ele flagrou a massificação da nossa educação. O Pasolini também. Eles perceberam que o povo vai para a escola, as crianças do povo, para aprender os valores da classe média. Porque o planeta está se transformando numa imensa classe média – o que, a princípio, não seria mau, mas comporta uma ideologia consumista e preconceituosa em relação a qualquer outra realidade.

Como é essa história, Piva, de "a princípio não seria mau"?

Não seria mau porque daria chance para as pessoas não passarem fome, não passarem frio. Embora isso seja consequência da explosão demográfica, do não planejamento familiar.

E a questão da "pegada ecológica"? De que um nova-iorquino gasta cerca de cem vezes mais recursos naturais por ano que um aldeão na Índia? Quer dizer, não existe apenas o problema da explosão demográfica, mas também o do consumo exagerado, como se os recursos não fossem limitados.

Certo. E isso é consequência, como lembra Pasolini, de uma cultura onde é proibido ser pobre. As pessoas não podem ser pobres. De acordo com Pasolini, isso virou estigma. Por isso é que muitos adolescentes matam para pegar tênis. Não tanto pelo valor econômico, mas porque ele se sente excluído daquela moda que é tão apregoada nos veículos de comunicação de massa.

Então o despojamento seria um crime atualmente? Eu me lembro que o Jorge Mautner dizia que ele queria levar uma vida onde ele pudesse carregar todos os seus bens numa mochila.

Isso é muito interessante. Eu gostaria de morar num sítio, mas não tenho dinheiro para isso. Aliás, seria a volta às origens! Eu nasci em São Paulo, mas passei uma parte da minha vida nas fazendas do meu pai. A gente morava numa fazenda perto de Rio Claro, em Analândia, que era uma fazenda imensa, que tinha sete lagos. E ele plantava café, tinha gado, tinha porco...

E foi lá que você teve suas primeiras experiências xamânicas, não?

Foi lá que eu conheci o mundo. Tinha um empregado que era descendente de negro com índio, mestiço, que me iniciou numa vertente do xamanismo chamada piromancia. Toda noite ele acendia a fogueira perto da casa dele, que ficava no meio do mato, e íamos ver, eu e o filho do administrador. E ele perguntava o que é que a gente via no fogo. Então a partir dessas imagens ele fazia análises de uma profundidade que nem o Jung pensou em fazer...

Foi lá que começou seu interesse por ecologia, também?

Apesar da minha relação com a família ter sido muito difícil posteriormente, na primeira adolescência eu era ligado a eles. Meu pai era um ecologista intuitivo. Não se podia matar passarinho porque o passarinho come as pragas do café, ele dizia. Ele pensava sempre em termos de lavoura, o que é certo. E ele ia nas outras fazendas, onde tinha armadilhas para pegar pássaros, arapucas, e comprava os nhambus, as codornas, para soltar na fazenda.

E depois você se afastou do seu pai?

Foi muito complicado na adolescência, porque eu matava aula para ir para o cinema, e eles queriam aquela velha vertente de trabalhar e estudar. E eu queria viver uma vida de Saint-Pol-Roux, aquele poeta simbolista francês que quando ia dormir punha na porta uma tabuleta escrita “o poeta trabalha”. Quer dizer, enquanto ele estava sonhando, ele estava produzindo o substrato poético através do onírico. O que foi incorporado pelos surrealistas, que é uma corrente poética pós-freudiana. Só no Brasil é que se tem uma poesia que se quer de vanguarda e se apoia na indústria, na linha de montagem...

E quando foi que você começou a ler poesia?

Foi nos anos 1950. Eu me lembro que estudava num colégio e achei um dia no meio das minhas coisas um livro do Platão, *Apologia de Sócrates*. Aquele livro me marcou. Eu perguntei: “quem deixou esse livro dentro das minhas coisas?”. Ninguém se assumiu, e eu fiquei com o livro...

Foi uma dádiva...

Até hoje não sei quem fez aquilo. Mas a partir daí eu comecei a estudar todas essas vertentes da filosofia, da poesia, da literatura e das culturas...

Isso num momento que a poesia brasileira estava tomada por ideais construtivistas...

Eu não dava a mínima importância para essas coisas. Nunca dei. Alguns amigos ficavam polemizando, mas eu não, porque tinha absoluta confiança na minha vertente da poesia, e principalmente de que poesia não é competição, é contemplação. Poesia é contemplação. Então as vertentes do futurismo, do surrealismo, do dadaísmo, do simbolismo, do romantismo, eu incorporei elas todas.

É gozado, porque existem uma série de autores do paideuma concretista que também são importantes para você...

O que importa é a leitura que eu faço deles, que é diferente. O Khlebnikov, por exemplo, ele está revivendo a cultura cigana dos andarilhos, os iluminados, os xamãs. Todas essas andanças que ele fez pela Rússia.

No Khlebnikov e na sua poesia também existe um diálogo, uma busca pelo arcaico, mas que não exclui uma ideia de futuro, não é?

Não, não exclui. Mas o futuro para mim são os discos voadores. Eu estou esperando o disco voador das seis da tarde para fazer uma *tour*... (risos) Eles existem, e estão por aí. São anjos, de acordo com o Pasolini.

Outro dia o Stephen Hawking falou que a única solução para a humanidade é o espaço, que ele não acredita na sobrevivência do planeta. Como você vê isso?

Ele disse uma vez, numa notinha no jornal, que os discos voadores existem. E que é para tomar cuidado porque eles não têm moral cristã. (risos) Agora, dessa afirmação do Hawking, o Terence McKenna também diz o mesmo, que temos que direcionar toda a energia produtiva do ser humano para mandar todo mundo para Marte, antes que o planeta exploda. Mas, como diz o Giorgi, um amigo meu, quem realmente tocou com vara curta essa casa de maribondos foi o Wilhelm Reich, com o livro *Contact with space*, que, atenção editores, ainda não tem tradução para o português.

Você já lia o Reich nos anos 1960?

Lia. Mas o Reich, falando claramente, é um convencional no sexo. Como diz Norman Brown, a única coisa que é importante no Reich, é que ele mostra como a repressão pode ser suprimida. Mas ele, no fundo, pertence a uma ordem sexual já existente. A ponto de dois sexólogos franceses escreverem um livro, *A nova desordem amorosa*, para se contrapor à ordem de Reich. E ele especula quantos movimentos deve-se fazer com a pélvis para ter o orgasmo perfeito. Isso é a burocracia trazida para o sexo...

É um sexo utilitário, com um fim.

Isso. Ele é um convencional do sexo. Agora, ele tem um lado, que é a visão de um futuro onde a repressão pode ser suprimida. E tem esse lado da descoberta do orgônio, da energia que percorre o universo, e também dos discos voadores no seu último livro, que é de ficar com o cabelo em pé. Eu tenho um xérox desse livro, é um tijolo.

E quando você começou a se interessar por discos voadores?

Foi na fazenda do meu pai, quando eu vi uma coisa estranha, que eu não sabia o nome, passar por cima do terreno de café numa velocidade espantosa. E depois, morando em São Paulo, em 1954, eu vi no Cine República um filme que era novidade no mundo inteiro, em terceira dimensão, você tinha que colocar óculos e tudo: *Veio do espaço*. Então eu vi aquela bola e falei: "foi isso que eu vi na fazenda".

Então começou a estudar.

Eu não comecei a estudar, fiquei curioso. Eu leio muitos livros, como do Jacques Vallée, que foi consultor da NASA, e que esteve no Brasil, analisou o caso das máscaras de chumbo do Morro do Vintém.

O que é esse caso?

É uma história muito comprida, precisava de uma entrevista só para isso. Mas eu não sou ufólogo, sou poeta! (risos) A ufologia é uma das minhas preocupações. A ufologia, a ecologia e o xamanismo.

Então voltemos à poesia. Como você chegou aos beats?

Eles chegaram primeiro através de notícias. Depois uma tia minha, que morava nos Estados Unidos, eu pedi e ela me mandou os livros.

Você uma vez comentou que o Thomas Souto Correia mostrou também algumas coisas.

Ah, é verdade. Ele me leu poesias de vários deles. Allen Ginsberg, Ferlinghetti, Corso. Eu fiquei entusiasmado com aquilo, e pedi para a minha tia me mandar. E ela mandou, como mandava discos do Miles Davis, do Chet Baker e do John Coltrane, também... O Mircea Eliade eu conheci através do grupo do Vicente Ferreira da Silva. Ele e a Dora divulgavam muito principalmente um livro do Eliade, *O sagrado e o profano*, que eu li também nessa época. Mas um dia, passando pela rua Xavier de Toledo, tinha uma livraria chamada Leia. E eu vi na prateleira *El chamanismo y las técnicas arcaicas del éxtasis*, e comprei. Aquilo me impressionou muito porque eu já tinha experiências semelhantes. Já tinha acontecido comigo maneiras de incorporar o êxtase muito próximas das que ele descrevia, através dos alucinógenos. A visão da revolução psicodélica.

Que você viveu intensamente...

Eu peguei várias revoluções. Revolução das vitaminas, revolução psicodélica, revolução dos costumes... Eu não fiquei como os marxistas batendo numa tecla só. O que me faz lembrar do homem unidimensional, do Marcuse. Os marxistas não saem daquilo. É muito difícil conversar com eles, porque eles são muito bloqueados. Eles são imaturos. E têm uma aversão muito grande pelo pensamento dinâmico, globalizado. E nós, principalmente nesse momento único do planeta, temos que perceber que precisamos pensar globalmente e agir localmente.

E você identifica a poesia com essas técnicas do êxtase?

A poesia é o êxtase. É a "outra voz", como diz Octavio Paz. E a poesia, ele diz, "é a perversão do corpo". Que é a melhor definição que já ouvi de poesia, junto com a do Breton, de que a poesia é "a grande orgia ao alcance do homem".

Então a poesia não é a técnica do êxtase, mas o êxtase em si?

É. Por isso que não dá para governar. Maiakóvski teve que se matar, Iessiênin teve que se matar por isso.

Você dialoga principalmente com o Maiakóvski inicial, não é? Como na epígrafe do *Piazzas*: "Eu levarei meu amor/ tal como um apóstolo de outrora/ por mil e mil caminhos".

Sim. Mas tem muita coisa bonita nos poemas posteriores dele. Apesar dele defender uma visão antiecológica. Tem um poema dele que fala: "temos que jogar dinamite nessas cavernas dos ursos". Ele caiu um pouco no conto do vigário do taylorismo, da linha de montagem, que foi levada para a União Soviética pelo Lênin.

Ao mesmo tempo ele tinha aquele verso, "povo cego, abandonai a cidade"...

É, ele tinha as duas vertentes. Era contraditório, como todo bom poeta.

E o Nietzsche, como é que entrou em sua vida?

Eu tinha um amigo que estudava filosofia, e na casa dele tinha *O anticristo* e *Genealogia da moral.* Eu lembro que li num dia o *Anticristo* e no outro a *Genealogia da moral.* Aquilo me causou um impacto profundo. Cheguei até a ficar com febre.

E o êxtase, quais são as técnicas para chegar lá?

Aí são várias. Eu só acredito em poeta experimental que tenha vida experimental. Já disse e confirmo. Vinicius dizia isso também: "nenhum compromisso com a poesia não vivida". É um processo vertiginoso de descobertas e redescobertas. O próprio futurismo italiano tem essa vertente também de ocultismo e esoterismo.

Dino Campana...

O Dino Campana, que não é bem um futurismo na íntegra, mas é influência. Tem o Cavacchioli, que eu usei como epígrafe do *Ciclones*: "tempo de tambor". Aquilo é um ritual dervixe...

E que portanto mantinha do futurismo a necessidade de velocidade e movimento incessante, não é? Existe uma sensação de velocidade também em seus poemas...

Sim. A poesia surrealista é muito veloz, também. Ela tem uma imagética que é uma montanha-russa.

E você traz na sua poesia a absorção de um corte abrupto cinematográfico...

Isso é fundamental para o cinema. A ponto do Pasolini dizer que o plano-sequência da televisão é reacionário. Porque era uma sequência absolutamente naturalista...

Nesse sentido ele ia contra o Orson Welles, que fez grandes estudos de plano-sequência.

Mas ele gostava do Orson Welles, que atua inclusive como o personagem dele no Ricotta. Faz o papel do diretor. Assim como ele gostava do Godard. Eu tenho as cartas do Godard para o Pasolini, e ele se refere ao Pasolini como mestre! Fala que encontrou Ninetto, que era amante do Pasolini, em Paris, e foi muito solícito, perguntou se ele precisava de algo, porque ele considerava o Pasolini um mestre. E o Pasolini se baseava nos grandes pintores do maneirismo nos enquadramentos dele. E no Brueghel, que é um dos meus pintores preferidos.

Agora, Piva, retornando um pouco à ideia da poesia experimental e da vida experimental, de conciliar as duas coisas. Como é essa relação na sua poesia?

A minha poesia não tem meio do caminho. É uma vivência profunda dos acontecimentos, da experiência vivida, transposta para a poesia. Mas isso se dá através daquilo que Walter Benjamin chamava de "historiografia do inconsciente", que é como ele definiu o surrealismo. Quer dizer, toda experiência vem da infância, de relatos, de filmes, da cultura, da natureza. E tudo isso transforma-se num magma, como diz o Pasolini. Vem aquela coisa abrupta do fundo do vulcão, aquela lava incandescente, e se solidifica em poesia.

E a poesia tem que ser uma experiência transformadora?

Exatamente. Principalmente para o poeta.

Piva, você teve dois grandes períodos sem publicar: entre 1964 e 1976, e entre 1985 e 1997. Porque aconteceu isso?

O período entre 1964 e 1976 foi uma época muito rica em experiências, em aventuras. Então eu não conseguia, eu não me lembrei de escrever. Foi uma época muito dionisíaca, em matéria de entregas e de pessoas se conhecendo, trepando, vivenciando. E eu não tive tempo de escrever.

Você sentia que existia uma certa felicidade coletiva?

Sem ser coletiva. Era a minha felicidade e a das pessoas que eu encontrava, todas sintonizadas muito nessa aventura. "Você bem sabe, eu sou um rapaz de bem... / A minha onda é do vai-e-vem/ Tudo o que eu quero a natureza dá/ Pra que é que eu quero, pra que é que eu quero trabalhar?", como cantava Johnny Alf...

E a contracultura, Piva? Você é considerado um precursor da contracultura no Brasil. Como você primeiro percebeu ela?

Eu percebi em mim! Percebi que eu estava dizendo exatamente o que o pessoal da contracultura em todas as partes do mundo dizia. Então eu percebi que já estava naquele estilo.

Como você vê a contracultura hoje?

Foi uma contribuição muito grande. Embora haja uma certa descaracterização por uma questão de modismo. Mas ela continua presente, como esteve por toda a história. Da filosofia, da música. O Pasolini tem um ensaio, *O mimetismo de Dante*, que fala que Dante já quebrava com as oposições fixas do seu tempo, com os paradigmas. Dá para se encontrar a contracultura através dos tempos, confrontando a visão unidimensional oficial.

Você vê ligação entre contracultura e romantismo?

Completamente! O romantismo foi uma grande explosão de verdades não-codificadas antes. A grande explosão da liberdade.

E como você vê a contracultura na sua vida, hoje?

Atualmente eu estou vivendo muito a experiência da idade, da chegada da velhice, que eu não estava preparado. Mas estou me preparando no sentido já dos portais da morte. Isso tudo é muito relativo, eu posso durar mais vinte anos, ou cinco, ou três. Nunca se sabe. Mas o problema da morte está se colocando de uma forma muito forte no momento.

E a sua vida, como fica em relação a isso? Tudo o que você viveu?

Pois é, diante da morte, tudo isso se transforma num lastro, numa experiência do passado em que me apoio para fazer frente ao presente e ao futuro. É uma espécie de lastro, as experiências, os filósofos, os artistas plásticos que me influenciaram no decorrer da minha vida. O Brueghel, que sempre foi um pintor que me acompanhou durante toda a minha vida, e que estou agora dialogando novamente, em três novos poemas. Eu gosto muito do poema que diálogo com ele no *Paranoia*, "Poema de ninar para mim e Brueghel". É uma visão apocalíptica da cidade, das suas instituições, da sua geografia, das suas avenidas.

E você se sente mais preparado agora?

Estou me preparando, né? Não para o juízo final, mas para o renascimento do maravilhoso, como diz o Lawrence Ferlinghetti.

A sua poesia começou com fôlego largo, veloz, e com o tempo se tornou cada vez mais concisa...

Isso foi a necessidade de rapidez e síntese. Vem do jazz. É a definição de Louis Armstrong: "jazz é economia de meios".

E a sua poesia, isso foi uma coisa que o Alcir Pécora sacou muito bem na introdução para sua obra completa, é muito baseada no ritmo.

"Eu sou naquela tarde um ritmo/ sabendo de antemão um coração ferido". Poesia é ritmo! "O ritmo é pagão", dizia o Vicente Ferreira da Silva. Então, como a minha poesia é esse retorno ao dionisíaco, à cultura arcaica, ela envolve um ritmo muito mais abrangente.

Qual é a relação para você entre o ritmo e a concentração?

Olha, eu não pensei sobre isso, mas acredito que o ritmo faz parte de uma visão mais ditirâmbica da poesia. E a concentração é um taoísmo poético, não é? As autoridades chinesas, na época do taoísmo, decidiram cercear a liberdade dos xamãs, que batiam tambores em praças públicas. Faziam muito barulho. Desde esse dia, então, os xamãs internalizaram o ritmo, e fizeram a via do silêncio. E no momento eu estou a cavalo nessas duas realidades: a realidade do tambor e a realidade do silêncio.

E a música eletrônica? Você é um ouvinte?

Gosto muito do Stockhausen. Eu tinha muitos discos dele, agora preciso comprar em CD.

Falam que a música eletrônica, cada vez mais, quebra com um paradigma da música ocidental, que era realizada so-

bre harmonia e melodia e agora é tom e ritmo. Quer dizer, deixa de ser europeu para virar africano. O que você acha disso?

Eu acho que estamos entrando naquela cultura de que o Frobenius chama de "comoção". O africano não têm uma cultura da "emoção". É da "comoção". É mais forte ainda. Isso ele diz na *História da civilização africana*. Leo Frobenius.

A sua poesia também é uma poesia de comoção?

Certamente. Eu sempre me atiro nessa vivência da poesia de comoção.

E também há uma participação da tragédia, não?

Também. Tragédia não tem solução. Drama tem.

Como a figura do Dionísio surge para você, Piva?

Foi através do Nietzsche. Depois, por outros autores. As visões poéticas do Fernando Pessoa, do Whitman, são muito dionisíacas.

Tem um livro que você sempre recomendou muito, que é o *Shiva e Dionísio*, do Alain Daniélou.

Esse livro quem gosta muito também é o Zé Celso. Daniélou fala que a gente está passando pelo Kali Yuga, que é um período histórico muito destrutivo. De acordo com o shivaísmo, a única coisa que supera o Kali Yuga é o Eros! O Eros é uma forma de transcendência. Você sai fora do Kali Yuga, que é um período terrível.

Há uma dimensão política na questão do erotismo na sua poesia?

A princípio, não. A poesia, diz Octavio Paz, é subversão do corpo. Mas de toda forma você está fazendo política, mesmo sem querer. O que eu faço é o que o Alcir Pécora chama de um "contraprograma político".

E como é fazer esse contraprograma em Santa Cecília, num apartamento no meio barulho da cidade, mergulhado de cabeça no Kali Yuga?

É o inferno! Porque o pessoal do Kali Yuga é um estrato social muito daninho. Elite da sarjeta, que promove um barulho gratuito. Promovem um barulho que não informa. Aquilo mais ou menos que Tennessee Williams dizia: "a grande maioria só deixa escombros. Nós temos que deixar atrás de nós dias perfeitos e imutáveis como peças de escultura".

E como é que você está fazendo isso hoje?

Eu estou saindo fora disso. Estou vencendo a Kali Yuga do meu bairro, de tudo isso, com a vivência de deixar atrás de mim poemas como peças de escultura. Deixando a minha criação como peças imutáveis dentro de uma realidade de mediocridade.

Você fala de substituir os deuses do deserto pelos deuses da floresta.

Exatamente. É Dionísio versus o monoteísmo judaico, cristão e islâmico! Que são as religiões que nasceram do deserto, da falta, da escassez. É a biodiversidade contra a visão unidimensional. Isso está bem presente no *Macunaíma*, do Mário de Andrade, essa revisão da floresta, da mata.

Uma vez você disse que as religiões do deserto são ditadas

pelo exorcismo, enquanto as da floresta seriam religiões da possessão. Explica melhor isso.

A religião do deserto criou um inferno dicotômico no próprio corpo. O corpo é instrumento do demônio. Para mim, assim como para as religiões da floresta, o corpo é instrumento de todos os deuses e de todos os demônios. De tudo junto.

E o que são os deuses?

Os deuses são arquétipos que existem no nosso inconsciente coletivo. E eles existem como manifestações do Sagrado que podem ser uma flor, um pássaro, um gavião, uma onça, um pôr-do-sol, um nascer do sol... Pode ser todas as manifestações de beleza que a gente vivencia, como esse momento aqui no Jardim Botânico, com essa luminosidade fantasmática.

Mas os deuses não têm uma existência externa, Piva? Ou eles estão só no inconsciente coletivo?

Isso ainda é um mistério para mim. Eu vejo as manifestações dos orixás nas rodas de candomblé, mas não estou vendo orixá a não ser sua manifestação. E acredito que, de acordo com o Agenor Miranda Rocha, o sagrado é isso mesmo: é um vento sagrado.

Você é feito no candomblé, Piva?

Não. Eu era uma pessoa que frequentava, mas não participava em nível de filiado ao terreiro. Eu era muito amigo dos pais de santo, eles me convidavam sempre para as festas, para aqueles rangos maravilhosos depois da festa. E sempre me trataram muito bem. Tiravam búzios sem cobrar, faziam uma gentileza permanente. Como o Marco Antônio de Ossaim, que foi o último pai de santo que eu tive contato, que morreu alguns anos atrás.

Você nunca abraçou nenhuma religião?

Não, porque o meu relacionamento é com o xamanismo, que é uma religião de poesia, não de teologia. De certa forma o candomblé é uma religião organizada. E o xamanismo você pode realizar em qualquer parte! Dentro de um trem, dentro de um ônibus. Você tem uma relação não-organizada com o sagrado.

Sagrado selvagem?

Sabedoria selvagem do xamanismo, digamos assim.

O candomblé é uma espécie de aristocracia popular?

Os orixás africanos são todos monárquicos, não é? O Xangô era um rei, Oxossi era um rei. Então, todos pertenciam a uma aristocracia. E isso se reflete no candomblé que é uma religião extremamente aristocrática, extremamente não-contaminada pela visão de lacaio.

Qual a sua relação com a monarquia?

É total. Eu sou monarquista desde 1958. A monarquia é aquele regime político que por uma extrema verticalização da cúpula, permite uma maior anarquia das bases. Permite você viver uma existência não-codificada. Veja o Gabriele D'Annunzio, que vivia pondo na sua mansão brasões falsos. Quando ele ganhou o título de Príncipe Montenevoso, do rei da Itália, ele não usou o título, nem o brasão. Ele gostava mesmo era do que era falso. (risos)

Mas você é anarquista também...

Anarco-monarquista. As pessoas contrapõe a monarquia com uma visão popular de mundo, mas é um erro. A aristocracia sempre é popular. O burguês é que era um homem citadino. O aristocrata era um homem do feudo, que trabalhava a terra junto com o camponês. Geralmente o aristocrata era de extração camponesa. O burguês é que é um homem desenraizado, das cidades. Quem está próximo do camponês é o aristocrata.

Piva, você é um conservador, um reacionário?

Eu, muitas vezes, conscientemente, propositadamente, por convicção, expresso conceitos reacionários. Porque você só pode emitir conceitos revolucionários quando existe uma revolução possível. Mas nesse momento não existe revolução nenhuma, então inclusive o rótulo de reacionário perde o sentido. Mas é reacionário na ideia que falei de "retrocesso sustentável", que é você voltar para determinados elementos arcaicos que sustentam a vida.

Isso é conservadorismo?

No sentido de "conservar uma floresta", "conservar um rio". O conservador é muito próximo da ecologia. Não existe o progresso indefinido. Os recursos naturais são esgotáveis. Nesse sentido, ecologia é uma ideia nova, revolucionária, enquanto a revolução progressista é uma revolução reacionária, que teme perder seu *status* como tal. Porque já deu o que tinha que dar.

E as drogas, Piva? Como você vê a função delas, dentro do mundo atual?

Eu acredito que temos que ter sempre uma preocupação religiosa antes de entrar no alucinógeno. Eu acho que a revolução psicodélica foi a grande revolução do século XX. É algo impressionante até hoje.

Você vê alguma diferença entre amor e erotismo?

Você pode praticar o erotismo com um certo distanciamento, que é a orgia. Já no amor é impossível qualquer distanciamento. Na orgia, existe uma confraria, como poderia dizer o Fourier. Uma confraria amorosa. Esses conceitos de erotismo e de amor estão sendo revirados de cabeça para baixo atualmente. Eu acho que nós vamos partir para uma bissexualidade em profundidade, em quantidade e em qualidade. (risos)

E entre hedonismo e devassidão?

Devassidão são aqueles personagens do Marquês de Sade, que parte de uma visão absolutamente escatológica da realidade. O que é importantíssimo, porque o Sade, como mostra o Julius Evola, é um religioso do Eros. O homem religioso do Eros. Ele concebia a história como uma devassidão, uma orgia permanente. E o hedonismo é a religião do consumo do nosso tempo. É o contrário. O hedonismo foi o que as televisões, os publicitários cooptaram dessa realidade profunda que é a psicodelia, a orgia, o Eros. Eles aproveitaram a superfície disso e transformaram numa falsa liberdade.

E o andrógino primordial, Piva?

Ah, esse está na origem da minha procura. Minha estada no planeta é para descobrir o andrógino primordial. E eles estão em toda parte, andando nas praças, nos parques, embaixo do Minhocão...

Como você reconhece eles?

Ah, você vê que a pessoa não é desse mundo. (risos) E isso é perturbador. Eu me pergunto se eu não devia estar renascendo, estar voltando para os anos 1970 ou nascendo agora. Eu acho que eu gostaria de unir os dois, viu? Os anos 1970 é que foram mais importante, na minha opinião, até mesmo do que os anos 1960. Por causa da grande liberdade, da psicodelia, do sexo. De todo o imenso mergulho na paixão. E estar nascendo agora está sendo a minha dúvida, nesse momento histórico. Porque o que eu tenho visto de pessoas bonitas nas ruas... De todos os sexos diferentes...

Quantos sexos existem?

Eu acho que uns quinze, viu? (risos) E caminhamos para o décimo-sexto!

E quais são eles?

Não sei. E não me interessa codificá-los. Interessa essa descoberta permanente, sem etiqueta, sem rótulo. É isso o que me interessa, hoje e sempre.

Será que você não está nascendo agora, Piva?

Possivelmente, viu? Eu estou com sérias dúvidas se não estou nascendo agora. (risos)

AUTOBIOGRAFIA

Nasci na maternidade Pró-Matre no coração de São Paulo, em 25 de setembro de 1937. Piva é um antigo nome de Vento (Itália do Norte). Meu avô era de Saleto, perto de Rovigo.

O Livro da Família, que tinha lá em casa, conta a história de um antepassado cavaleiro que combateu nas Cruzadas. Como o avô Cacciaguida de Dante. Só que ao voltar das Cruzadas virou herético & começou a pregar a favor do Demônio. Por ordem do bispo local, foi queimado na praça pública com armadura & tudo. No momento, deve estar passando uma temporada na IX Bolgia do Inferno de Dante. Local destinado aos semeadores de discórdia. Os filhos fugiram da cidade & a descendência continuou.

Mas em matéria de revolta eu não preciso de antepassados. A minha vida tem sido uma permanente insurreição contra todas as Ordens. Sou uma sensibilidade antiautoritária atuante. Prisões, desemprego permanente, epifanias, estudos das línguas, LSD, cogumelos sagrados, embalos, jazz, rock, paixões, delírios & todos os boys. O cinema holandês informará.

Só acredito em poeta experimental que tenha vida experimental. Não tenho nenhum patrono no "Posto", nem leões-de-chácara & guarda-costas literários nas redações de jornais & revistas. Nada mais provinciano do que os clubinhos fechados da poesia brasileira, com seus autores-burocratas tentando restaurar a Ordem & cagando Regras que o futurismo, dadaísmo, surrealismo & modernismo já se se encarregaram de destruir. A estes neo-zhdanovistas de todos os matizes, gostaria de lembrar esta passagem do manifesto redigido por André Breton & Leon Trotsky: "Em matéria de criação artística, importa essencialmente que a imaginação escape a toda sujeição, não se deixe impor filiação sob nenhum pretexto. Àqueles que nos pressionam, hoje ou amanhã, para que consintamos que a arte seja submetida a uma disciplina que sustentamos radicalmente incompatível com seus meios, opomos uma recusa inapelável, e nossa deliberada vontade de nos manter no lema: todas as licenças em arte". Fecho também com John Cage e não abro: "Sou pela multiplicidade, a atenção dispersa e a descentralização, e portanto me situo do lado do anarquismo individualista". Ou Jean Dubuffet: "O uníssono é uma música miserável". Precisamos de criações desprovidas de regras & de convenções paralisantes. A poesia é um salto no escuro como o amor. Por isso, meus leitores preferidos são os heréticos de todas as escolas & os transgressores de todas as leis morais e sociais. Como não sou intelectual de esquerda, estou sempre às voltas com o problema de grana.

Pasolini começou a contagem regressiva do nosso planeta a partir do desaparecimento dos vaga-lumes na Itália. Eu poderia começar a mesma contagem regressiva a partir do desconhecimento & desaparecimento da abelha jataí no Brasil. Acredito que, para a defesa do nosso planeta, as melhores ideias, como disse Edgar Morin, são as ideias "biodegradáveis".

Uma tarde, numa ilha esquecida do litoral sul de São Paulo, um garoto com olhos de Afrodite me perguntou no que eu acreditava. Respondi: Amor, Poesia & Liberdade. E nos Óvnis também.

Depósito Legal nº 432776/17

Impressão:
Europress – Indústria Gráfica
Rua João Saraiva, nº10-A *
1700-249 Lisboa
geral@europress.pt
www.europress.pt

www.ingramcontent.com/pod-product-compliance
Lightning Source LLC
La Vergne TN
LVHW051935220826
846093LV00018B/553

* 9 7 8 6 5 8 6 9 6 2 0 2 4 *